シェルパ斉藤の 元祖
ワンバーナー
クッキング

ワンバーナークッキング ⑤箇条

1, スーパーやコンビニで買える、常温保存可能な食材を使う

2, 食器に盛りつける必要なし

3, 短い調理時間、長くてせいぜい10分

4, 味付けはすべて目分量

5, すぐに覚えられるシンプルなレシピ

PROLOGUE

　本書は野を旅する人々のための本である。
　野営道具を背負ってトレイルを歩くミニマム装備の食事を想定しているが、登山に特化しているわけではない。
　ぼくはロングトレイルを歩くバックパッカーであり、自転車、オートバイ、リヤカー、犬連れ、はたまた耕うん機まで、さまざまなスタイルで日本国内および世界各地を渡り歩く自由型の旅人でもある。
　旅の宿はテント。食事は自炊。どこでも寝泊まりできる道具を携えて、年間30泊以上旅に出かけている。20歳から50代前半まで継続しているから、テントを張って自炊した夜は1000回を超えるだろう。
　そんな長年の体験から生み出した食事のスタイルが、シンプルなワンバーナークッキングである。
　バックパッカー、サイクリスト、ライダー、ドライバー、カヌーイスト……など、あらゆる旅人やキャンパーの食事に役立つはずだ。
　一般的な料理とは異なり、肉や魚、野菜などの生鮮食品は一切使っていない。食材も調味料も、バックパックひとつで渡り歩く旅人の立場か

ら、常温保存できてパッキングしやすい商品にこだわっている。
　調理法はきわめて簡単で、すぐにできる。燃料を節約する意味でも調理時間は短くしたいし、そもそもぼくは料理が得意ではないから、凝った味つけや洒落た盛りつけが苦手なのである。
　ゼロから料理をスタートするのではなく、もともと食べられるものに少し手を加えるだけの"なんちゃって料理"のオンパレード。これとこれを組み合わせたらどんな味になるんだ？　こうしたらボリュームが増すんじゃないか？　と遊び感覚で生み出した実践的野外レシピである。
　調理時間は長くて10分程度、短いものは3分以内でできてしまう。計量する必要はないし、レシピは笑ってしまうほど簡単だから、一度調理してみればすぐに覚えられるだろう。
　ひとり暮らしや災害時でも役立つはずだが、ぜひフィールドに出かけて空の下で食してもらいたい。
　最高のロケーションで、おなかがすいたときにできたての料理を食べる。それがワンバーナークッキングをさらにおいしくする極意である。

［ 本 書 の 使 い 方 ］

❶ 調理器具

おすすめの調理器具。「and」表記の場合はふたつ使用。「or」表記の場合はどちらもおすすめ

- 深いコッヘル
- 浅いコッヘル
- フライパン
- コッヘル

❷ 参考価格

材料の、およその合計金額。詳しくはページ下部の「※注記」を参照

❸ 調理時間

ストーブを使いはじめてからできあがるまでの時間の目安。お湯が沸くまでの時間も含む。そのためストーブの火力や環境によって調理時間は異なる

Recipe **34.** ミートソースとワンタンは意外にいいコンビ
ワンタンラザニア

浅いコッヘル or 深いコッヘル ｜ ¥200 ｜ 5分20秒

※注記：重量と参考価格について

フィールドで実践する状況を考えた表記としている。すなわち、食材をすべて使い切るレシピ（じゃがりこマッシュなど）は、重量も価格もきっちり表記できるが、たとえば調味料としてガーリックマーガリンなどを使う場合は状況が異なる。そのレシピにガーリックマーガリンをすべて使い切るわけではないから、1食あたりの重量や価格を正確に算出できない。とはいえ、そのレシピを実践するために

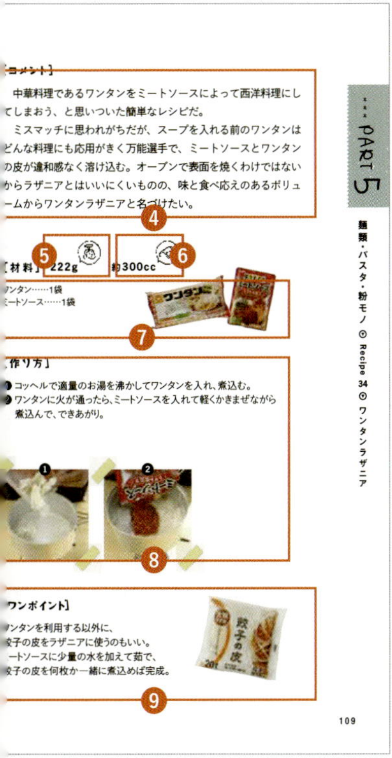
PART 5
麺類・パスタ・粉モノ ⊙ Recipe 34 ⊙ ワンタンラザニア
【コメント】
中華料理であるワンタンをミートソースによって西洋料理にし
てしまおう、と思いついた簡単なレシピだ。
ミスマッチに思われがちだが、スープを入れる前のワンタンは
どんな料理にも応用がきく万能選手で、ミートソースとワンタン
の皮が違和感なく溶け込む。オーブンで表面を焼くわけではない
からラザニアとはいいにくいものの、味と食べ応えのあるボリュ
ームからワンタンラザニアと名づけたい。
4
5
【材料】222g
約300cc
6
ワンタン……1袋
ミートソース……1袋
7
【作り方】
❶ コッヘルで適量のお湯を沸かしてワンタンを入れ、煮込む。
❷ ワンタンに火が通ったら、ミートソースを入れて軽くかきまぜながら
煮込んで、できあがり。
8
【ワンポイント】
ワンタンを利用する以外に、
餃子の皮をラザニアに使うのもいい。
ミートソースに少量の水を加えて茹で、
餃子の皮を何枚か一緒に煮込めば完成。
9
109

❹ コメント

そのレシピが生まれたエピソードや味についてのコメント

❺ 重量

材料の、およその合計重量。詳しくはページ下部の「※注記」を参照

❻ 水の量

使用する水の、およその量

❼ 材料

使用する食材と、その使用量。なお商品写真は、わかりやすいようにパッケージのまま撮影している

❽ 作り方

手順は多くても3つまで！　すぐに覚えられる

❾ ワンポイント

おいしくつくるためのコツや注意点、味にバリエーションをつけたいときのおすすめなど

は、フィールドにガーリックマーガリンを1本持っていくことになるし、ガーリックマーガリンを1本買わないことにははじまらない。以上の点を踏まえて、総重量とともに1食あたりの重量も表記し、価格も調味料類の料金も含めた数値を表記した（セット売りの商品は1個あたりの値段になっている。また小売店によって価格は異なるので、これだけあれば買えるアバウトな設定になっている）。

シェルパ斉藤の 元祖 ワンバーナークッキング

Contents

- 002 ワンバーナークッキング5箇条
- 004 PROLOGUE
- 006 本書の使い方

011 PART 1 ストーブ&クッキングギア

- 012 ストーブとしてのワンバーナーの魅力
- 014 ガスストーブ
- 016 ガスストーブあれこれ
- 018 ガソリンストーブ
- 020 ガソリンストーブあれこれ
- 022 アルコールストーブ
- 024 ネイチャーストーブ
- 026 ストーブにまつわるQ&A
- 028 コッヘル&フライパン
- 030 カトラリー&カップ
- 031 ツールナイフ/ウォーターキャリー
- 032 [Column 1] コッヘル活用術

033 PART 2 基本の朝・昼・夕食メニュー

- 034 朝食
- 035 昼食(1回目)
- 036 昼食(2回目)
- 037 夕食
- 038 失敗しない野外炊飯術
- 039 [Column 2] 高地での炊飯は
- 040 "使える"調味料一覧
- 042 [Column 3] 食料パッキング術

043 PART 3 超簡単メニュー BEST3

- 044 Recipe01 じゃがりこマッシュ
- 046 Recipe02 コンビニおにぎり雑炊
- 048 Recipe03 マッシュポテトパスタソース和え
- 050 [Column 4] 海外でもワンバーナークッキング

051 PART 4 ごはんもの

- 052 Recipe04 ビッグカツ丼
- 054 Recipe05 サンマの蒲焼き柳川風
- 056 Recipe06 イカフライ&天かす丼
- 058 Recipe07 やきとり親子丼
- 060 Recipe08 おにぎりツナチャーハン
- 062 Recipe09 松茸風味の炊き込みごはん
- 064 Recipe10 ごはんのパンケーキ
- 066 Recipe11 麻婆高野豆腐
- 068 Recipe12 じゃがりこクリームシチュー
- 069 [Column 5] 被災地とパックごはん
- 070 Recipe13 タラコチャーハン
- 072 Recipe14 マロンリゾット
- 074 Recipe15 ビビンバ風焼きおにぎり
- 076 Recipe16 ポタージュのあんかけおにぎり
- 078 Recipe17 タコとアサリのパエリア
- 080 Recipe18 アーモンドフィッシュチャーハン

081 PART 5 麺類・パスタ・粉モノ

- 082 Recipe19 お茶づけマヨスパ
- 084 Recipe20 コンビーフペペロンチーノ
- 085 Recipe21 のりクロスパ
- 086 [Column 6] 目からウロコのパスタ術
- 087 Recipe22 ミソパスタ
- 088 Recipe23 グラタン風スープスパ
- 090 Recipe24 サラミピザパスタ
- 092 Recipe25 ツナコーンパスタ
- 094 Recipe26 乾物パスタ
- 096 Recipe27 チキンラーメンカルボ
- 097 Recipe28 チーズトマトラーメン
- 098 Recipe29 韓国カラーメン
- 100 Recipe30 ゴボ天そば
- 102 Recipe31 ふかひれうどん
- 104 Recipe32 ビーフンちゃんぽん
- 106 Recipe33 お茶づけそうめん
- 108 Recipe34 ワンタンラザニア
- 110 Recipe35 カラムーチョ海鮮お好み焼き
- 112 Recipe36 グラノーラパンケーキ
- 113 Recipe37 チーズカルパスパンケーキ
- 114 [Column 7] 洗い物&ゴミ収納術

Contents

115 PART 6 つまみ

- 116 Recipe38 コンビーフマッシュポテト
- 117 Recipe39 もちピザ
- 118 Recipe40 焼き肉もどき
- 120 Recipe41 タラモサラダ焼き
- 122 Recipe42 餃子の皮包み焼き
- 124 Recipe43 なんちゃってサモサ
- 126 Recipe44 圧縮トーストピザ
- 128 Recipe45 サバのガーリックトマト和え
- 130 Recipe46 牛タントマト焼き

131 PART 7 デザート

- 132 Recipe47 ホットどら焼き
- 134 Recipe48 大福栗ぜんざい
- 136 Recipe49 ドライマンゴークレープ
- 138 Recipe50 チョコフォンデュ
- 140 Column 8 フィールドで楽しむ極上のコーヒー

142 EPILOGUE

シェルパ家のファミリーたち

本書のところどころでアシスタント（？）を務めているのは、
シェルパ斉藤家で暮らすイヌやネコたち。

ラブラドールレトリーバーの
トッポ
（メス 11歳）

日本のロングトレイルを最も多く歩いた元祖バックパッカー犬。年をとっても子供っぽい甘えん坊

柴犬の
カイ（海王）
（オス 10歳）

2013年にシェルパ家の一員に加わった気高き和犬。主人も家も大好きなのに、脱走癖がある旅犬

ネコの
ジッポ
（オス 15歳）

人間といるよりも犬といるほうが好き。人前になかなか姿を現さない、引っ込み思案な孤高の猫

ネコの
ポノ
（メス 5歳）

人懐っこくて誰からも愛されるシェルパ家のアイドル。雨の日も雪の日も犬の散歩についてくる

PART **1**

STOVE & COOKING GEAR

ストーブ&
クッキングギア

▼

まずはストーブやツールが

なくては始まらない。

うまいメシはここから生まれる!

Team Sherpa
Coleman
Coleman
Coleman
Coleman
SIERRA
JETBOIL
SOTO
PHOEBU

「ストーブとしてのワンバーナーの魅力」

　本書では、ひとつの炎で調理するシンプルなスタイルを強調したいためワンバーナーという言葉を使っているが、一般にはコンパクトストーブと呼ばれる。

　優れたコンパクトストーブは美しい。

　過酷な自然環境でも性能を発揮し、頑丈で耐久性があって、小さく収納できる。そんな機能を備えたコンパクトストーブは精緻なメカだ。レーシングマシンに通じる美しさがあると思う。

　ぼくの部屋の棚には旅に連れ出した40以上のコンパクトストーブが並んでいる。使用する燃料や燃焼方法、パッキングのスタイルなど、それぞれに特徴があって、どれも愛着がある。

　国内および世界各地のトレイルを歩いたり、山に登ったり、自転車ツーリングもするぼくは、そのラインナップのなかから毎回ひとつを選んで旅に出る。どのコンパクトストーブも一長一短があり、万能といえるモデルはない。たとえば収納性や使い勝手など総合力に優れるガスカートリッジのモデルは、現地で燃料を入手しにくいし、燃料が調達しやすい液体燃料モデルは扱いが面倒だったりする。

　でもぼくは、それもコンパクトストーブの魅力だと思っている。出かけるフィールドや旅のスタイルによって使い分けていく。ウエアと同じく、TPOに応じて選ぶ楽しさがあるのだ。

　オンリーワンに絞らず、複数のモデルを所有して使い分けることをおすすめする。

　言葉が示すとおりコンパクトだからかさばらないし、棚に飾っても絵になる。身近な燃焼器具として、ワンバーナーに親しんでもらいたい。

Item 01

ワンバーナークッキングデビューにおすすめ!
ガスストーブ

ヘッドをカートリッジにつなぎ、ゴトクを広げるだけ。
小型軽量で高出力。はじめてでも使いやすい。

[長所]
- 着火が簡単
- 火力調節しやすい
- 炎が安定している
- メンテナンスがラク
- コンパクトに分解できて携帯しやすい

[短所]
- カートリッジが入手しにくい
- カートリッジに燃料を補充できない
- 燃料コストがやや高い

SOTO／
マイクロレギュレーターストーブ・ウインドマスター SOD-310

　もっともポピュラーでワンバーナークッキングに最適なストーブがガスカートリッジ式である。小型軽量で収納しやすく、ヘッド（バーナー部）にカートリッジをジョイントしてゴトクを広げるだけでセット完了。点火装置が装備されたモデルが多いので、家庭用ガスコンロを扱う感覚で着火や火力調節ができる。火力も強く、風や寒さにも耐えられるように設計されていてフィールドで不満を感じることはない。このモデルに限らず、各メーカーとも収納と組み立て方法に独自のギミックがあり、「トランスフォーマー」の変身に通じるおもしろさをぼくは感じている。

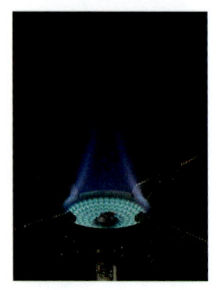

すり鉢状になっているため、強力な炎が中央に集中して横風の影響を受けにくい

着火方法

> バルブの開き具合で上手に火力調節

バルブを開きすぎると、ボウ〜ッと大きな音で着火するので怖く感じるかも。最初は開きすぎないのがコツ。

1. ヘッドとカートリッジ、どちらも結合部がネジ状になっているので、ていねいに回してジョイントする。最後まできっちり締めたら、ゴトクを広げる

2. バルブを少し開き、シューッという音がしたら点火装置を押して着火。バルブを開きすぎると多量のガスが出て着火音が怖く感じるし、着火もしにくくなる

3. 回転するバルブの開閉具合によって火力調節できる。とろ火程度の微弱な炎から力強い燃焼まで、自在にコントロールできるのが、このストーブの強みだ

＼ ゴトクに注目！ ／

かき混ぜたり、炒めたりするワンバーナークッキングでは、調理中にコッヘルが倒れないようにゴトクの安定性を重視したい。その観点からは4本タイプがおすすめ。右端のようなゴトクはシェラカップも載せやすい

PART 1 ストーブ＆クッキングギア ⊙ ガスストーブ

ガスストーブは扱いやすさが魅力！
ガスストーブあれこれ

独特な「ジェットボイル」、ガスカートリッジが分離したタイプ、ガスボンベを使うタイプもある。

Ⓐ

[長所]
- お湯が早く沸く
- 燃費がいい
- 着火が簡単
- 安定した火力
- オールインワンのシステム

[短所]
- カートリッジが入手しにくい
- カートリッジに燃料を補充できない
- 燃料コストがやや高い
- 洗いにくく、調理には不向き

ジェットボイル／SOLチタニウム

ジェットボイル

コッヘルの底にフィンがついていて、効率よくバーナーの熱が伝導する。いわば、超小型瞬間湯沸かし器である。沸騰時間の短縮は燃料の節約になり、装備の軽減にもつながる。熱湯さえあれば調理可能なレシピもあるので、軽い荷物に徹して出かけたいバックパッカーにはとくにおすすめしたい

ストーブ＆コッヘルの一体型

ジェットボイルは湯沸かしに傑出しているが、こちらは同じ機能でありながら調理できるコッヘルと一体化。日本発売以前に北欧で買った自慢のモデルだ

プリムス／イータパワー・EFトレイル

PART 1 ストーブ&クッキングギア ⊙ ガスストーブあれこれ

[短所]
- カートリッジが入手しにくい
- カートリッジに燃料を補充できない
- 燃料コストがやや高い
- 少々かさばる

[長所]
- 着火が簡単
- 火力調節しやすい
- 重心が低く、安定性に優れる
- 大型コッヘルも載せられる
- メンテナンスがラク

Ⓑ 分離型

プリムス／ウルトラ・スパイダーストーブP-154S

重心が低いために、大きめのコッヘルを使う場合でも安定したクッキングが可能だ。また点火装置も火力調整バルブもヘッドと離れた位置にあるので、ガスの扱いが苦手な人でも安心して扱える

[長所]
- 着火が簡単
- 火力調節しやすい
- 炎が安定している
- メンテナンスがラク
- 国内ではボンベを入手しやすい

[短所]
- ボンベに燃料を補充できない
- カートリッジタイプに比べてかさばる
- 寒冷地では火力がやや弱い

Ⓒ ガスボンベタイプ

SOTO／レギュレーターストーブST-310

旅先で燃料を入手しにくいガスカートリッジと違い、ガスボンベは全国どこのコンビニでも、山村や小さな島の商店でも売られている。カセットコンロを扱う感覚で使える、実用性が高いコンパクトストーブだ

Item 02

使うほどに愛着が増していく
ガソリンストーブ

コツをつかむのに少し時間がかかるが、厳冬期でも頼れる力強いストーブ。燃料を注ぎ足せるのも利点だ。

[長所]
- 強い火力
- 寒冷地でも安定
- 燃料補給できる
- 燃料コストが安い

[短所]
- 着火が手間で時間もかかる
- 火力調整がしにくい
- ややかさばる

MSR／
ウィスパーライトインターナショナル

　燃料がガソリンとはいえ、液体のままでは使えない。気化させるためにポンピングとプレヒート（右ページ参照）が必要になる。火力調節もしにくいし、モデルによっては燃焼音がうるさかったりもする。しかし、そんなマイナス面も持ち味に感じられるくらい魅力的なストーブである。厳冬期でも力強く燃焼するし、メカを使いこなす充実感がガソリンストーブにはある。また燃料を注ぎ足せる点もガスストーブにはないアドバンテージだ。ガスストーブがスイッチひとつで作動する電気製品だとしたら、ガソリンストーブは使うほどに愛着が増していくエンジンなのだ。

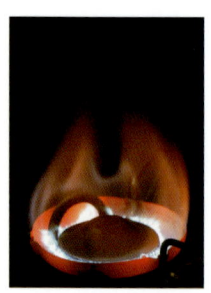

レギュラーガソリンも使えるが、このように炎がやや赤くなる。燃焼は強力だ

> コツがいるところが
> ツウ好み

着火方法

ポンピングとプレヒートを行なう。あらかじめ
何度か練習してから旅に持って出るようにしたい。

1
ポンピングをする。押したピストンが反発して戻るくらいまで繰り返し、圧力をかける

2
バルブを開き、バーナーの受け皿に燃料が垂れる状態を確認したらすばやく閉じる

3
ライターで着火すると勢いよく炎が上がる。炎が鎮火するまで1分ほど待つ

4
鎮火する寸前にバルブを開くと、ガスが出て青い炎が出る。炎は次第に安定していく

山でも使える ライターを知ろう

ノズルが伸びて使いやすいモデルと、点火装置が作動しにくい標高が高い山でも確実に火花が飛ぶ着火石モデル。TPOに応じて使い分けている

ホワイトガソリンの購入

精製された専用燃料のホワイトガソリンは煤が出にくく、安定した燃焼を持続するが、コストが高いのが難点。1ℓで500円以上する

PART 1 ストーブ&クッキングギア ⊙ ガソリンストーブ

最新モデルからクラシックタイプまで
ガソリンストーブあれこれ

ツールを扱う楽しさも味わえるのがガソリンストーブ。
ガソリン以外の燃料も使えるものもあり、汎用性が高い。

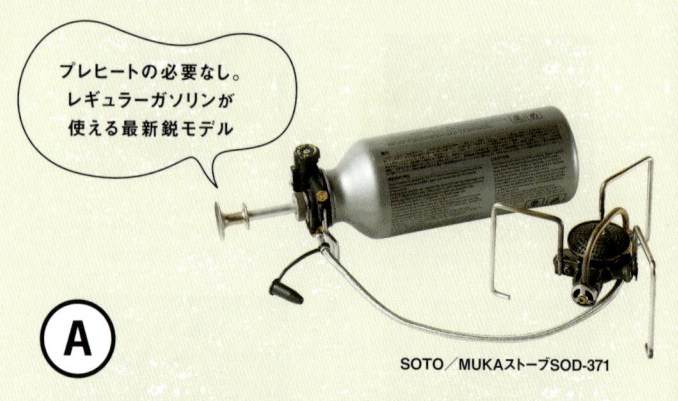

> プレヒートの必要なし。
> レギュラーガソリンが
> 使える最新鋭モデル

A

SOTO／MUKAストーブSOD-371

ポンピングだけで着火できて、安定した青い炎で燃焼し続ける進化したガソリンストーブ。燃料は全国のガソリンスタンドで買えるため、実用的かつ燃料コストも安い。バックパッキングでも苦にならない小型軽量モデルだ

> ガソリンだけではない、
> 灯油も使えるマルチフュエール
> ストーブその1

B

オプティマス／NOVA

ガソリン以外に灯油、軽油、ジェット燃料（どうやって手に入れるか、はさておき）まで使える。エチオピアのロングトレイルを旅したとき使ったが、灯油を燃料に活躍した。カチッとセットできるホースやゴトクのデザインも秀逸

> ガスカートリッジも使えてしまう、まさに万能なマルチフュエールストーブその2

Ⓒ

プリムス／マルチフューエルEX

左項のNOVAよりもさらに上をいく汎用性である。現地でガスカートリッジが手に入ったら扱いやすいガスカートリッジを、なかったらガソリンや灯油を、というように応用が効く。燃料がなくて困ることが少ない万能型最強ストーブ

> クラシックなデザインが秀逸。
> タンク一体型
> ガソリンストーブ

Ⓓ

スヴェア(オプティマス)／123R

タンク分離型誕生以前は、バックパッカーのコンパクトストーブといえばこのモデルだった。ぼくがこのスヴェアを手に入れたのは25年以上前。ネパールの中古登山屋で一目惚れして購入した。火力は劣るけど、まだまだ現役だ

PART 1 ストーブ&クッキングギア ⊙ ガスストーブあれこれ

021

Item 03

海外のロングトレイルを歩くには最適

アルコールストーブ

構造はあまりに単純。だからこそ壊れにくい。
火力調節も原始的。そこが魅力だ。

[長所]
- 静かな燃焼音
- 壊れにくい
- 燃料を入手しやすい

[短所]
- 昼間は炎が見えにくい
- 火力がやや弱い
- 火力調整がむずかしい

トランギア／
アルコールバーナーTR-B25

　見てのとおり単純な構造で、よほどのことがないかぎり壊れない。軽くてコンパクトだし、海外のロングトレイルを長期間歩くバックパッカーに人気が高いのもうなずける。燃焼音がほとんど聞こえず、昼間は炎も見えにくいので燃えているのかわからないほどだが、見た目以上に火力は強い。コッヘルを包むように炎が出るので熱が均等に伝わり、むしろクッキング向きといえる。単体では煮炊きができず、右項のようなストームクッカーや折りたたみ式のゴトクを必要とする。火力はふたの開き具合で調節するという原始的な方法。そこがまた魅力に思えてしまう。

周囲の小さな孔から炎が噴き出る仕組みだ。ゆらめく青白い炎が暗闇では美しい

> アルコールランプの要領で

着火方法

注いだアルコールに火を近づけるだけ。
日中は炎が見えにくいので注意を。

1
燃料のアルコールをタンクに注ぐ。50ccのアルコールで連続25分間くらい燃焼する

2
ライターやマッチを近づけると着火する。日中は着火したかわかりづらいので注意

3
消火するときは、専用のふたをすばやくかぶせる。アルコールランプと同じ要領だ

> 燃料が手に入りやすいのも魅力!

風に弱いアルコールストーブを最強にグレードアップさせるシステム

ストームクッカーの名のとおり、強風下でも調理できる風防システム。コッヘルやフライパンとセットになっている

アルコールストーブは自作も可能

構造が単純だからアルミの空き缶などを使って自作できる。この3点は知人にプレゼントされたオリジナル。使うのがもったいない仕上がりだ

PART 1　ストーブ＆クッキングギア ⊙ アルコールストーブ

Item 04

「燃料を持っていかない」という選択

ネイチャーストーブ

落ちている小枝を燃料にする、いわば小さな七輪。
手間はかかるしかさばるが、火を扱う楽しさがある。

[長所]
- 燃料は現地調達
- 燃料コストがただ
- 小さな焚き火が楽しめる

[短所]
- 燃焼にコツがいる
- 雨の日は着火しにくい
- かさばる
- コッヘルに煤がつく

バイオライト／キャンプストーブ

　燃料を持参しなくてはならない、という概念を覆した画期的なコンパクトストーブだ。燃料はフィールドに落ちている小枝や松ぼっくり、あるいは捨てられている割り箸などを利用する。いわばコンパクトな七輪なのだが、このストーブは送風装置がついていて、ファンが回って炎を巻き上げるように燃焼する。その電力が炉内で発生した熱を電気に変換する独自のシステムで生み出している。つまり、発電所付きストーブなのである。手間はかかるし、かさばるが、遠赤外線効果で食材はむしろおいしく焼ける。それに本質は焚き火だから、暖をとるストーブとしても楽しめる。

炎がトルネード状に上がって強い火力を発生する。送風効果で完全燃焼して、最後は白い灰だけが残る

> 小さな焚き火をする
> ような楽しさ

着火方法

まずは"燃料"を拾い集めることから。
炎が出たらファンを回して火を大きくする。

1
枯れ枝、松ぼっくりなどを拾い集めることから着火作業がスタート

2
新聞紙などを焚きつけにする。枯れ葉などでも大丈夫だ

3
空気が通る隙間を確保しつつ、細い枝から順に炉に入れていく

4
焚きつけの新聞紙に着火する。ノズルが伸びるライター（p.19参照）が便利

5
燃えはじめて炎がおきたら、ファンのスイッチを入れる。火が風に煽られて強くなる

\ **USBで充電も可能！** /

熱の変換で発電した余剰電力を外部USB端子によって出力可能。調理しながらスマホなどを充電できる

よりシンプルなネイチャーストーブ

ユニフレームのネイチャーストーブはメッシュの底から自然の風を取り込んで上昇気流にして燃やす。p.23のストームクッカーも仕組みは同じ

PART 1　ストーブ&クッキングギア ◎ ネイチャーストーブ

025

ぼくの経験からお答えします

疑問を一気に解消!
ストーブにまつわるQ&A

ストーブを実際に使ってみると「?」と思うこと、覚えておきたいことをいくつか挙げてみよう。

Q1 メーカーが異なるガスカートリッジは使っていいの?

A バルブの形状等が微妙に違い、互換性がないので使ってはならない、とメーカーは注意を喚起している。アウトドアの業界に携わっているぼくも同じ見解だ。しかしベテランバックパッカーの立場から正直に書くと、旅先(とくに海外)で全メーカーのガスカートリッジがそろっているケースは少ない。使えないことがなかった、がぼくの経験談

Q2 燃料が残ったガスカートリッジやボンベはどうしたらいい?

A 旅の途中で燃料がなくなるのはいやだから、旅に出る前は毎回新品のカートリッジやボンベを持っていく。その結果、前回の旅で使い切らなかったカートリッジやボンベが手元に残り、それがたまっていく。そのまま捨てるわけにはいかないから、ぼくは家でガスランタンを灯したり、デッキでコーヒーを淹れたり、鍋料理など、燃料として使い切っている

PART 1 ストーブ&クッキングギア ◎ ストーブにまつわるQ&A

Q3 日帰りや縦走……どのサイズを持っていけばいい?

A 1泊程度だったら小型の110gのガスカートリッジで足りる。使用頻度にもよるが、2泊3日で250g1缶が目安。1日=110g、3日=250gの計算で旅の日数にあてはめるといい。ただし、燃料切れは避けたいので、2泊3日の場合でもスペアとして110gタイプを持っていこう

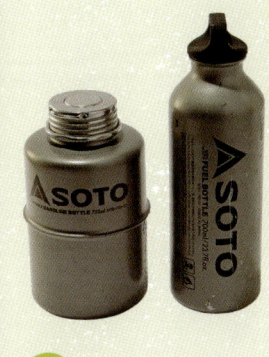

Q4 ガソリンスタンドでの燃料の購入方法は?

A 全国どこでも買えるレギュラーガソリンだが、消防法により基準を満たした携行缶でないと購入できない。ガソリンストーブのボトルだとガソリンスタンドで売ってもらえないのだ。左の写真のような携行缶でガソリンを買い、専用ボトル(写真右)に移し替えるという手間が必要になる。面倒だけどね

Q5 ガスストーブの上手なスタッキングの方法を教えて!

A ガスカートリッジが収納できる深型コッヘルだけど、左のようにバルブを上にして入れると、カートリッジの底の縁にコッヘルの水分が付着して錆びやすい。右のようにひっくり返して収納すると錆びにくいだけでなく、底が窪んでいるため容積が大きくなり、ヘッドも収納しやすくなる

027

Item 05

フライパン付き浅型コッヘルがおすすめ
コッヘル&フライパン

ぼくが愛用している組み合わせ。コッヘルのふたを
流用して、フライパンをオーブン的に使えたりもする。

浅型

　フライパン付きの浅型コッヘルが、ワンバーナークッキングには最適だ。素材は安価で比較的軽量なアルミ製がおすすめ。サイズはインスタント麺が入るくらいのモデルが調理しやすく、パッキングもしやすい。このセットはコッヘルのふたをフライパンに流用できるので、フライパンがオーブン風に使えて調理のレパートリーが広がる。さらにぼくはコッヘルに収納できる別メーカーのケトルを組み合わせている。食後にコーヒーを飲むためにも、調理で汚さない湯沸かし専用を確保しておきたいからだ。またプチカスタムとして、フライパンの把手をグラインダーでカットして、つかみやすいハンドルを装備に加えた。

ユニフレーム製のコッヘルセットとトランギア製のケトルのコラボである

深型

湯沸かし専用ケトルは軽いチタン製。メーカーは違うけど、ピッタリ重なった

PART 1

ストーブ&クッキングギア ⊙ コッヘル&フライパン

バーナーパットで調理の幅を広げる

ガスカートリッジがちょうど収まる深型のコッヘルはスリムだからバックパックにも収納しやすい。また細長いパスタやそうめん、棒ラーメンなどが茹でやすく、チャーハンなどの炒め物をするときも食材がはみ出にくくて、調理しやすい。ふたがフライパンとして使えるが、サイズが小さいのがネックで、ぼくは出発前の食料計画とバックパックとのバランスによって浅型にするか、深型にするか決めている。浅型と同じく、湯沸かし専用ケトルは必ず携帯している。

炎を拡散できるために弱火となり、熱も均等に伝わって、粉モノなどをじんわりと焼くことができる。薄くて軽いので、パッキングにも支障ない

Item
06

軽くておりたためるものを
カトラリー&カップ

アウトドア用カトラリーが中心だが、軽量で食器を傷つけにくい100均の木製スプーンも愛用中。

素材もいろいろ

チタン製のダブルウォールのマグカップを愛用。軽くて冷めにくい

木製スプーンとヘラ以外は半分のサイズになる。シリコンのスプーンは後片付けに重宝(p.114参照)

食器、調理鍋、計量カップ、ボウルなどシェラカップは万能の器だ

　フライ返しやおたまなどは調理に便利だけど、背負う荷物に限りがあるバックパッキングでは装備に加えたくない。スプーンやフォークなどカトラリーを調理器具に代用している。軽量で折りたためるアウトドア用カトラリーが中心だが、スプーンは100均ショップの安価な木製を愛用。木製は熱に強く、食材を炒めたりするときにコッヘルのフッ素樹脂加工の表面を傷つけにくい。軽くて携帯しやすいし壊れても安いから割り切れる（実際には壊れにくい）。またホットケーキなどをフライパンで焼くときはアウトドア用の小型ヘラも持っていく。

Item 07

なくてもいいけど、やっぱり必要

ツールナイフ

食材をカットするレシピはほとんどないがでもやっぱり持っておきたいのだ。

刃のロックが可能なビクトリノックスのラックサックを愛用

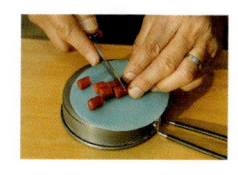

カットしたソフトまないたが便利

ソフトまな板をコッヘルのサイズに合わせて切り、底に敷いて収納。まな板として使う以外に表面のフッ素樹脂加工をガードする役目も果たす

ワンバーナークッキングでは、ハサミや缶切り、穴開け、コルクオープナーなどがついたツールナイフが便利。ナイフは料理に欠かせないアイテムだが、じつは本書のレシピではほとんどナイフを使っていない。食材をカットするレシピがほとんどないからだ。でも、ナイフは野外の旅の必需品。

Item 08

2本あるとなにかと便利

ウォーターキャリー

1本は飲料水、もう1本は汲み水用、など。軽いので2本でも荷物にはならない

使わないときは小さく丸められるプラティパスのウォーターキャリーを長年使っている。山旅には2本携帯して、ひとつは飲料水用のボトル、もうひとつは沢の水などを汲んで調理に使う煮沸用のボトル、というように使い分けている。軽量だから2本持っていっても苦にならない。

踏んでも壊れないほど丈夫だ。2.5ℓと1ℓサイズの2本を山旅に使用

PART 1

ストーブ＆クッキングギア ⊙ カトラリー＆カップ／ツールナイフ

COLUMN

コッヘル活用術

　コッヘルは煮込む、炒める以外にもアイデア次第でさまざまな使い方ができる。

　たとえば、蒸し器。イタリア料理界の大御所であり、野外料理が得意な室井克義シェフから教えてもらったウラ技で、コッヘルに石ころを敷いて少量の水を注ぎ、食材を置いて火にかけるだけで蒸し料理ができる。ブロッコリーなどの野菜を蒸すことも、アツアツの中華まんじゅうやシュウマイを食べることもできるのだ。どこにでも転がっている石は現地調達可能で、使用後フィールドに残していける。合理的システムである。

　またコッヘルは湯煎にも使える。深型のコッヘルはガスカートリッジのサイズに合わせてデザインされているものが多いが、その径はシェラカップの外径とほぼ同じだ。少量の水をコッヘルに入れて、シェラカップでふたをすれば、シェラカップが蒸気で熱せられる。焦げることはないから、Recipe 50のようにチョコフォンデュができるし、冷めたコーヒーを温めたり、日本酒の熱燗をつけることだってできる。

　コッヘルはシンプルゆえに、工夫次第で使い道が広がる万能食器なのである。

蒸し器に使うなら深型コッヘルがいい。高さがあって食材を置きやすい。水は食材が濡れない程度の量。ふたをして火にかけ、沸騰したら弱火にする

メーカーによって微妙なサイズの違いはあるが、このようにシェラカップがすっぽり収まる。シェラカップが傾くこともなく、安定した状態をキープ

PART **2**

BASIC MENU
基本の朝・昼・夕食メニュー

▼

はじめてでも大丈夫。
まずはここから試してみてほしい、
手軽さ&おいしさ保証の山ごはんレシピ。

朝食

なにかと忙しい朝は、
手軽で栄養たっぷりのメニュー。

クリープを牛乳がわりに
グラノーラ

　起きてすぐに食欲はないし、テントの撤収やら、パッキングやら、やるべき作業が多いので朝食は軽く食べられるものがいい。フィールドで牛乳は手に入らないから、クリープの小パックをお湯に溶かして牛乳がわりにする。お湯さえ沸かせばすぐに食べられる、簡単で栄養バランスがいい朝食だ。

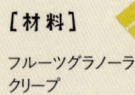

[材料]

フルーツグラノーラ
クリープ

[作り方]

❶ クリープを
シェラカップに入れる。

❷ お湯を100ccほど注ぐ。

❸ フルーツグラノーラを
適量入れてかきまぜる。

昼食 [1回目]

朝から歩けばおなかがすくのも早い。
朝に沸かしたお湯でつくっておく。

PART 2

手軽なのに本格的な味

「アルファ米」の炊き込みおこわ

　アルファ米はラクだけど、熱湯でも20分以上かかる。朝食時に多めにお湯を沸かしてアルファ米に注いで封をしておけば、時間を効率よく使える。朝から歩きはじめると昼前におなかがすくので、10時ごろの休憩に食べるといい。尾西の商品はどれもおいしい。

[材料]

炊き込みおこわ

[作り方]

❶
お湯を袋内部に示された
注水線まで入れ、スプーンでかきまぜて
袋を閉じて20分以上おく。

早旨

昼食 2回目

夕食までのつなぎに、もう1食。
かさばらない&おいしい大定番。

山では最強の食事！
棒ラーメン

　早めに昼食を食べると夕食まで体がもたない。夕食までのつなぎとして、インスタントラーメンをおやつ的に食べるのも、ありだ。ストレート麺の棒ラーメンはちぢれ麺よりもかさばらないし、何食分かまとまると折れにくい。深型コッヘルでもすっきり入って調理しやすい。山ではマルタイの棒ラーメンが最強だと思う。

[材料]

マルタイの棒ラーメン

[作り方]

❶ 約500ccのお湯を沸かし、棒ラーメンを入れる。

❷ 3分間煮込んだら火をとめて粉スープ、調味油を入れ、かきまぜる。

夕食

お湯を注ぐだけ&おいしい！
まずはここから試してみよう。

PART 2

だれもが大好きなメニュー
カレーライス

　本書は誰でもできる簡単かつスピーディーなレシピを紹介しているが、早さと簡単さに関してはアウトドアショップで売られている市販のフリーズドライに軍配が上がる。お湯を注いでかき混ぜるだけなのだ。しかもおいしい。とくにカレーは外れがない。まずは市販のフリーズドライを試し、そこからワンステップ上のワンバーナークッキングを始めていこう。

[材料]

フリーズドライの野菜カレー

[作り方]

❶ シェラカップに具材を入れ、約100ccの熱湯を注ぐ。

❷ かきまぜるとできあがり。わずか10秒程度でできてしまう。

早旨

037

失敗しない野外炊飯術

**ハードルが高そうに思えるが、じつはそれほどでもない。
無洗米なら研がなくていいから、水の節約にもなる。**

炊飯はそれほどむずかしくはない。ポイントはいつ蒸らしに入るか、だけである。下記を参考に何度か試してみればコツがつかめるだろう。炊き立てのごはんは最高のごちそうになる。研ぐ必要がなく、水を節約できる無洗米を使ってチャレンジしてみよう。

炊きあがり！

[作り方]

❶ 無洗米に水を注ぐ。
❷ 水の量は米の表面に人差し指をつけたときに
水面が第一関節の少し下になる程度。水を入れたら30分以上おく。
❸ 30分以上経ったら火にかける。火力は中火程度でいい。
やがて沸騰して蒸気が吹き出てくる。
ふたが浮きすぎないように火力を少し弱める。
❹ 米が1合程度の場合は10分ほど炊飯を続けていると、
ふたの動きが小さくなる。お餅を焼いたときのような
香ばしい匂いが漂いはじめたら、火力をとろ火程度に弱める。
❺ とろ火がむずかしい場合は熱が拡散するバーナーパッドを使うと有効だ。
とろ火で熱することで底にお焦げができる。
5分ほどとろ火状態を続けたら火をとめ、
10分以上蒸らせば、おいしいごはんが炊きあがる。

COLUMN 2

高地での炊飯は

　炊飯が得意なぼくではあるけれど、どこでも炊飯ができるわけではない。標高が高い場所は沸点が低くなり、お米に芯が残って普通の炊飯術ではおいしく炊けないのである。

　高地でおいしく炊くには圧力鍋に頼るしかない。北アルプスや南アルプスなど、標高の高い場所にある山小屋はたいてい圧力鍋を使ってごはんを炊いている。圧力が加わって高熱になれば、お米は柔らかく炊ける。つまり、圧力鍋を持っていけば高地でも炊飯が楽しめるわけだが、単独のバックパッキングにとって圧力鍋はあまりにも大きな荷物だ。コッヘルのふたに石を載せるなどして、圧力鍋風の炊飯術にチャレンジしたことはあるけれど、うまくいかない。

　結局、山岳地帯を旅するときはアルファ米やパックごはんにぼくは頼っている。そのボーダーラインは標高1,800mあたりだ。標高1,500m以下のトレイルを旅するときは無洗米の炊飯、2,000mを超える山岳地帯を歩き続けるときはアルファ米かパックごはん、という使い分けがぼくの「ライス・スタイル」だ。

標高1,800m以下では炊飯しておいしいごはんを食べているが、それは夕食時のみ。ランチはさっとつくれて後片付けもラクなワンバーナークッキングが主体だ

バックパックに常備しておきたい調味料を紹介

"使える"調味料一覧

多くのレシピに使い回しができて、
ワンバーナークッキングをおいしく演出してくれるいぶし銀の脇役たち。
これらの調味料があれば、レパートリーがさらに増えるはず。

recommendation 01 ガーリックトーストスプレッド

パンに塗るガーリックマーガリンだが、パセリなどが配合されていてごはんにもパスタにも合う。調理油としても便利

recommendation 02 焼肉のたれ

液体ではなくペースト状になっていて携帯しやすい。タマネギやニンニクなどの具がたっぷり入っていて、そのままごはんにかけてもイケる

recommendation 03 チューブバター

フライパンで焼いたりするときのオイルとしても重宝する。パスタなどにかけると味にコクが出るし、食感も滑らかになる

recommendation 04 コンデンスミルク

ホットケーキやデザート類にかけたり、ココアなどの飲み物に使える。さらに料理の甘味料としての使い道もある

recommendation 05 ピザトーストソース

1袋ずつの使い切りミニパックになっていて携帯に便利。ピザ以外にパスタのソースとしても使える。チーズとの相性が抜群

recommendation 06 マヨネーズ

食材にかけるだけでなく、フライパンに敷くオイルとしても使える。使用頻度が高い場合は小型チューブを持っていこう

07 味噌

お湯に溶かして味噌汁として飲むだけでなく、マヨネーズと和えたり、チーズとからめたり、応用がきく。わかめが味のアクセントになる

08 醤油

本書のレシピにはほとんど使わないが、荷物にならないミニパックは常備しておきたい。味が薄かったり、物足りなさを感じるときは、やっぱり醤油が強みを発揮する

09 ソース

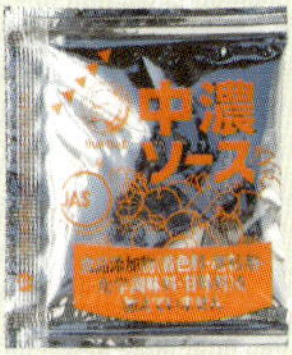

醤油と同じく本書のレシピにはあまり登場しないが、ソースをかけることで味に変化が生まれる。あれば便利な調味料

10 オリーブオイル

ありそうでなかった油の使い切りミニパック。これがあれば料理のレパートリーが広がる。
問リトル・ベリーズ
TEL.03-5790-9725

11 トマトペースト

完熟トマトを裏ごしして煮詰めたミニパック。パスタやスープに加えたり、カレーなど煮込み料理に入れてコクを出したりと、味に深みが出る

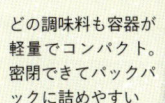

どの調味料も容器が軽量でコンパクト。密閉できてバックパックに詰めやすい

PART 2

COLUMN 3

食料パッキング術

　フィールドでゴミを出さないためにも、荷物をコンパクトにまとめるためにも、食品の外装パッケージなどはあらかじめ出発前に外してシンプルにしておきたい。

　パッキングに役立つのは密閉できるジップロック式の保存袋だ。サイズ別にいくつか用意して、調味料系、スープ系、パスタ系というように小分けしておくと便利。整理しやすいし、開けなくても中身が見えるから、どのくらい残っているのかもわかる。それに漏れる心配もない。

　エッグホルダーもワンバーナークッキングをするうえで欠かせない装備だ。本書には卵を使ったレシピがいくつか登場するが、エッグホルダーがないことにはバックパックに卵を入れられない（ちなみに卵は常温保存が可能）。ハードなケースで卵が割れないようにがっちりガードしてくれる。ただし、万が一の場合を考えて卵を入れたエッグホルダーはジップタイプの密閉袋に収納しておこう。バックパックの中で卵が割れたら目も当てられない。

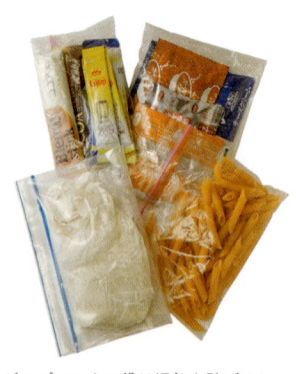

ジップロックの袋は湿気を防げるし、中身が一目瞭然だ。粉モノは薄い袋に入れてからジップロックの袋に収納。ジップロックの袋を汚さずに済む

エッグホルダーに入れる卵はMサイズくらいがいい。大きいと閉めるときに割れる可能性がある。卵の殻は細かくしてゴミ入れ用の袋に（p.114参照）

PART 3

SIMPLE MENU

超簡単メニュー BEST 3

▾

これが料理といえるのか？　というほど
簡単すぎる。なのにうますぎる！
テッパンの三大巨頭レシピ。

Recipe 01

お湯だけでスナック菓子が大変身!

じゃがりこマッシュ

¥100 / 5分45秒

［コメント］

　10年前に拙著で紹介して以来、山の定番レシピとなったじゃがりこマッシュだが、このレシピを伝授してくれたのは敬愛するバックパッカーの加藤則芳さんだ。コッヘルを使わずに容器をそのまま利用できるカップ麺スタイルは革命的大発見である。そのまま食べてもおいしいけど、お湯を加えることでスナック菓子が変身するところが痛快だ。カルビーの開発部が「新商品を開発しませんか」とぼくのもとへ相談に来た、という逸話もある。

［材料］　72g　約50cc

じゃがりこ……1パック

［作り方］

❶ スティックの半分程度が浸かるように熱湯を注ぎ、ふたをする。
❷ 3分以上経ったらふたをはがし、
　スプーンでまんべんなくかきまぜてできあがり。

［ワンポイント］

注ぐお湯の量で食感が変わる。
完全なマッシュポテトにする場合は多めに。
カリッとした食感を残したい場合は少なめに。
チーズ味や、和風味など、種類によって
味のバリエーションが楽しめるのも魅力。

PART 3

超簡単メニュー BEST3 ⊙ Recipe 01 ⊙ じゃがりこマッシュ

Recipe 02

パサパサおにぎりがアツアツの雑炊に

コンビニおにぎり雑炊

浅いコッヘル or 深いコッヘル　￥100　4分45秒

［コメント］

　コンビニのおにぎりは時間が経つとパサパサになってしまう。その味気ないコンビニのおにぎりをアツアツの雑炊にしていただこうというレシピである。コンビニのおにぎりには塩気がついているので、少量のお湯で手ごろな薄味の雑炊となる。さらにわさびの香りが加わることでワンランク上の雑炊に仕上がる。タラコや鮭、梅など、他のおにぎりも試してみたが、味の濃さや海苔との相性など、総合的に日高昆布に軍配が上がった。

［材料］　108g　約150cc

コンビニの昆布おにぎり……1個
小パックのわさび……1袋

［作り方］

❶ 包装を破らずにはずして、おにぎりと海苔を分ける。
❷ コッヘルにおにぎりを入れ、適量の水を加えておにぎりをほぐしながら熱する。
❸ 沸騰しておにぎりが雑炊になったら、海苔をちぎってのせる。最後にわさびを添える。

［ワンポイント］

スーパーで買う刺身についてくる
小パックのわさびは保存がきいて
携帯にも便利。
回転寿司などでも置いてある。

パックわさびが決め手

PART 3　超簡単メニュー BEST3 ⊙ Recipe 02 ⊙ コンビニおにぎり雑炊

Recipe 03

メインディッシュいらずの満足感

マッシュポテト パスタソース和え

浅いコッヘル or 深いコッヘル ／ ¥300 ／ 3分50秒

［コメント］

　インスタントのマッシュポテトは、軽量でサラサラの粉にお湯を加えるだけでたちまちできあがるマジックのような食材。携帯しやすくてバックパッキングには最適だが、そのまま食べると物足りなさも感じる。そこで思いついたのが、オイル分が含まれていて味わい豊かなパスタソースを加えるレシピだ。パスタソース1人前の味の濃さがマッシュポテト1袋とちょうどいいバランス。この1食があれば、メインディッシュがいらないほどだ。

［材料］　104g　　約100cc

インスタント・マッシュポテト……1袋
パスタソース……1袋

［作り方］

❶ お湯を沸かしてマッシュポテトの粉を入れ、スプーンでかきまぜる。
❷ パスタソース（ガーリックトマト味）を加え、さらに熱する。
❸ まんべんなくかきまぜたら、
　　パスタソースについていたトッピングをかけてできあがり。

［ワンポイント］

ガーリックトマトソース以外に、
チーズクリームソースや
ペペロンチーノソースもいける。
作り方はまったく同じだが、
見た目も味も別の料理になる。

PART 3　超簡単メニュー BEST3 ⊙ Recipe 03 ⊙ マッシュポテトパスタソース和え

049

COLUMN 4

海外でもワンバーナークッキング

　ぼくは年1回のペースで海外のロングトレイルを歩いて旅しているが、テント泊のバックパッキングが主体だから食事はもちろんワンバーナークッキングである。

　ただし、出かける地域によって日本から食料をたくさん持っていくか、現地調達中心かに分けている。たとえばアフリカやアジアなど現地の食料事情が不明な国々は、日本の優れたドライフーズやインスタント食品を多めに持っていき、ヨーロッパやアメリカのロングトレイルを旅する場合は、現地調達を優先している。

　欧米はアウトドアの先進国だから都会には必ずアウトドアショップがあり、フリーズドライの食料が買えるし、スーパーではバックパッキングに適したインスタント食品などがたくさん売られていて食料調達に困ることはない。味に関しては「おや?」と思うものもあるけれど、それも海外を旅する醍醐味である。

　現地で仕入れて、ワンバーナークッキングをして空の下で食べる。いつものスタイルで旅をすれば、その国のロングトレイルに入り込めたような気分になれるのだ。

どんな食料があるのだろう?　と海外のスーパーや小さな商店に入るとワクワクする。たとえまずかったとしても、それも旅のよき思い出として刻まれる

PART **4**

RICE

ごはんもの

▼

パンは好きだし、パスタもおいしい。

でも、日本人ならやっぱりこれ!

お米があれば、心もおなかも大満足。

Recipe 04

焼き肉のたれを使ってカツ丼に

ビッグカツ丼

フライパン　¥350　3分52秒

［コメント］

　駄菓子屋の定番であり、コンビニでも買えるビッグカツは中身が魚のすり身なのに、味は肉のカツを彷彿させるすぐれもの。カレーに添えてビッグカツカレーとして食べていたが、軽量で調理しやすいフライドオニオンとチューブ式の焼き肉のたれに巡り合ったことで、カツ丼にすることを思い立った。

　焼き肉のたれが染み込んだビッグカツの衣が食欲をそそる。甘いオニオンと卵、ビッグカツのハーモニーが抜群にいい。

［材料］　287g（1回分は約210g）　約30cc

ビッグカツ……1袋
焼き肉のたれ……少々
卵……1個
フライドオニオン……1袋

［作り方］

❶ フライパンにフライドオニオンを敷き、適当な長さに切ったビッグカツを置く。
❷ 焼き肉のたれを適量入れて味をととのえ、水を少量加えて煮込む。
❸ 煮立ったら、シェラカップで溶いた卵を均等にかけて火が通ったら、ごはんにかける。

［ワンポイント］

サクサクの食感を楽しみたければ、
フライドオニオンと焼き肉のたれ、溶き卵だけで煮込み、
切ったビッグカツをごはんにのせてから
煮込んだ具をかけるといい。

サクサクの食感もいい

PART 4　ごはんもの　⊙　Recipe 04　⊙　ビッグカツ丼

Recipe 05

ドジョウじゃないけど柳川鍋

サンマの蒲焼き柳川風

フライパン ¥300 4分12秒

ごはんもの ⊙ Recipe 05 ⊙ サンマの蒲焼き柳川風

[コメント]

　ドジョウを使った料理で知られる柳川鍋。ドジョウの代わりにサンマの蒲焼きを使って柳川鍋の雰囲気を味わおうというレシピ。

　最初は生のごぼうを使っていたが、ドライのきんぴらごぼうを知ったことで調理の手間が短縮され、栄養価も上がった。きんぴらごぼうについている専用のたれは、蒲焼きの味つけとほぼ同じ。山椒があればさらにおいしくなる。山椒は土用の丑にスーパーがウナギを販売するときに小パックを置くので、ゲットしておこう。

[材料]　258g（1回分は約210g）　約30cc

乾燥きんぴらごぼう……適量
さんま蒲焼きの缶詰……1缶

[作り方]

❶ フライパンに乾燥きんぴらごぼうを適量入れて、付属のたれをかける。
❷ 水を入れて弱火で煮込む。沸騰したら火をとめ、乾燥きんぴらごぼうが戻るのを待つ。
❸ 3分程度できんぴらごぼうが戻るから、そこにサンマの蒲焼きを入れてさらに煮込む。

[ワンポイント]

食材の軽減と他の丼ものと差別化するために
卵は使わなかったが、溶き卵で仕上げてもいい。
乾燥ネギをふりかけたり、
七味唐辛子をかけるとなおおいしい。

Recipe 06

酒のつまみが丼になる！

イカフライ＆天かす丼

フライパン ¥500 4分50秒

[コメント]

　酒のつまみに最適なイカフライを丼にしてしまおうと、カヌーの伝道師、四万十塾の木村とーるが編み出したレシピだ。
　とーるのレシピは、タマネギを使って麺つゆで味つけをするスタイルだったが（もちろん、その方法もおいしい）、荷物の軽減を優先してチューブの焼き肉のたれとフライドオニオンを使った。味が染み込んでフワフワの天かすに囲まれて、イカが存在を主張する。一度食べたらやみつきになる仰天のうまさだ。

[材料]　284g（1回分は約230g）　約50cc

イカフライ……適量
フライドオニオン……1袋
あげ玉……適量
卵……1個
焼き肉のたれ……適量

[作り方]

❶ フライパンにフライドオニオンとイカフライをのせて、焼き肉のたれをかける。
❷ あげ玉をのせ、水を入れて弱火で煮込む。
❸ 沸騰したら溶いた卵をまんべんなくかけてできあがり。丼に盛ったらさらにあげ玉をのせる。

[ワンポイント]

イカフライはフライパンに入り切らずに余るはずだ。
余ったイカフライはもちろん、つまみとして食べよう。

余ったらおつまみに

PART 4　ごはんもの ⊙ Recipe 06 ⊙ イカフライ＆天かす丼

Recipe 07

鳥だって親子の絆は強いのだ

やきとり親子丼

| フライパン | ¥250 | 4分40秒 |

[コメント]

　焼き鳥の缶詰は酒の肴にぴったりだ。ふたをとった缶詰を直接ワンバーナーにのせてあたためる、という危険なウラ技でアツアツの焼き鳥を楽しんでるのは、ぼくひとりではないだろう。
　そのおいしさをヒントにフライドオニオンを加えて親子丼にアレンジ。たれの味が濃いので、味を加える必要がないし、フライドオニオンの甘味と焼き鳥からにじみ出た甘辛の味が卵とからんで食が進む。親子の絆は強し！　と感服する一品だ。

[材料]　193g　約30cc

やきとりの缶詰……1缶
フライドオニオン……1袋
卵……1個

[作り方]

❶ フライパンにフライドオニオンとやきとりの缶詰を入れ、少量の水を加えて火にかける。
❷ 沸騰したら溶き卵をかけ、ごはんにのせてできあがり。

[ワンポイント]

水を加えるとき、やきとりの空き缶に水を入れてスプーンで混ぜてからフライパンに注ごう。
缶のタレを残さず使えるし、水量も手ごろ。
しかも空き缶がきれいになる。

PART 4

ごはんもの　⊙　Recipe 07　⊙　やきとり親子丼

Recipe 08

梅おにぎりの塩味で調味料いらず

おにぎり
ツナチャーハン

¥200　2分20秒

［コメント］

　山岳雑誌『山と溪谷』の元編集長、萩原浩司さんから伝授してもらったレシピ。パサパサのコンビニおにぎりがほくほくのチャーハンになる、登山者たちの定番的メニューだ。

　おにぎりは薄く塩味がついているので、味つけを加える必要がない。他のおにぎりでも応用可能だが、梅のおにぎりがベスト。梅の酸味がツナにからむとさっぱりとした絶妙な味になる。また、梅のおにぎりは他の具に比べて日持ちするという利点もある。

PART 4 ごはんもの ⊙ Recipe 08 ⊙ おにぎりツナチャーハン

［材料］　165g　なし

コンビニの梅おにぎり……1個
ツナフレーク……1袋

［作り方］

❶ コンビニの梅おにぎりの包装をはがして、ごはんと海苔を分ける。
❷ ツナフレークをコッヘルに入れて火にかけ、梅おにぎりとともに炒める。
❸ ごはんとツナがからむように炒めたら、海苔をちぎってかける。

包装のテープは破らずに

［ワンポイント］

コンビニおにぎり雑炊(p.46)でも同じ技法を使うが、コンビニのおにぎりの包装を一般的な手順で開けず（テープを破らない）、接着部をはがしていくと、ごはんと海苔を分けることができる。

Recipe 09

料亭でも遜色ないおいしさ!?

松茸風味の炊き込みごはん

深いコッヘル ／ ¥600 ／ 17分20秒
＋30分以上
（水に浸す時間）

[コメント]

　全レシピのなかでもっとも時間がかかる例外的レシピだが、時間をかけるに値する料理なので、ぜひ試してもらいたい。

　乾しいたけも干し貝柱もいいダシが出て、それがごはんに染み込む。松茸のお吸いものとの相性も抜群だ。ポイントは勢いよく噴き出ていた蒸気が弱まり、香ばしさが匂い立ってからの火力だ。とろ火の状態を5分ほど続けると、その間に最高のお焦げができあがる。料亭で出しても遜色ないおいしさ、といってしまおう。

PART 4

ごはんもの ⊙ Recipe 09 ⊙ 松茸風味の炊き込みごはん

[材料]　約220g（米約1合の場合）　　約250cc

無洗米……約1合
松茸の味お吸いもの……1袋
乾しいたけ……1袋
干貝柱……1袋

[作り方]

❶ コッヘルに無洗米と乾しいたけと干貝柱を入れ、
　適量の水を入れ(p.38参照)、30分以上浸す。
　松茸のお吸いものを入れて、かきまぜる。
❷ 火にかけて炊飯し(p.38参照)、10分以上蒸らしたらできあがり。

[ワンポイント]

香ばしいお焦げは最高のごちそうだから
炊飯する方法を紹介したが、
手間をかけずにつくりたかったら、アルファ米を使うといい。
材料をアルファ米の袋にすべて入れ、
お湯をかけてかきまぜて閉じ、20分ほど放置しておけば食べられる。

063

Recipe 10.

残りごはんもカリッと香ばしく
ごはんのパンケーキ

フライパン　¥150　5分45秒

[コメント]

　残ったごはんを活用するレシピ。夕食でごはんを多めに炊き、翌日の朝食にまわす場合に有効だ。小麦粉と水でごはんが割増になるし、カリッと焼けたごはんが食欲をそそる。ごはんの一粒一粒をつなぐ小麦粉がもちのような粘りを生んで食べやすい。

　醤油と砂糖で甘辛風に味つけをしたが、味噌をつけてもおいしいし、コチュジャン（p.74参照）をつけるのもいい。醤油をつけて、さらにバターを塗るといった味つけもいける。

[材料]　206g（1回分は約150g）　約50cc

残りのごはん……シェラカップ1杯
小麦粉……適量
チューブバター……適量
醤油…1パック
砂糖……1パック

[作り方]

❶ ごはんに小麦粉をまぶして水を加え、かきまぜる。
　小麦粉と水の量の配合は、お好み焼きの粉と具を混ぜたときくらい。
❷ フライパンにチューブバターを敷いて熱し、
　小麦粉と水をまぜたごはんを焼く。
❸ ひっくり返して両面を焼いたら、
　砂糖醤油をつけてできあがり。

PART 4　ごはんもの ⊙ Recipe 10 ⊙ ごはんのパンケーキ

[ワンポイント]

小麦粉は大盛りスプーン2杯程度あれば足りる。
少量を密閉袋に入れておくと便利。醤油も砂糖も
小パックの使い切りタイプを使えば、携帯が楽だ。

小パックなら便利！

Recipe 11

麻婆茄子なのに豆腐とよく合う

麻婆高野豆腐

浅いコッヘル or 深いコッヘル　¥350　4分15秒

［コメント］

　高野豆腐を利用すれば麻婆豆腐がつくれるかも、という発想から着手したレシピ。麻婆豆腐ではなく、麻婆茄子のレトルトを使っているのがポイントだ。麻婆豆腐のレトルトは3〜4人用のサイズしかないため、ソロの旅にはオーバースペック。コンビニで売られている2人用の麻婆茄子のレトルトを使い、ミックスビーンズを入れたら、麻婆豆腐とは別次元のおいしい料理になった。ごはんにかけてもよし、つまみにするもよし、のメニューである。

PART 4　ごはんもの ⊙ Recipe 11 ⊙ 麻婆高野豆腐

［材料］　173g（1回分は約140g）　約150cc

レトルトの麻婆茄子……1袋
玉子とじ用高野豆腐……適量
ミックスビーンズ……1袋

［作り方］

❶ 高野豆腐をコッヘルの底が半分隠れるくらい入れ、すべて浸かる程度の水を入れる。
❷ 火にかけると3分程度で柔らかくなる。柔らかくなったらミックスビーンズを入れる。
❸ レトルトの麻婆茄子を入れてかきまぜ、高野豆腐がソースを吸い込んだらできあがり。

［ワンポイント］

スーパーで売られている
高野豆腐は種類がたくさんある。
玉子とじ用はサイズもちょうどよく、
柔らかくなる時間も短い。

玉子とじ用が便利！

067

Recipe 12

お菓子が濃厚シチューに変身!

じゃがりこクリームシチュー

浅いコッヘル or 深いコッヘル　¥350　3分30秒

+5分以上
(じゃがりこマッシュの調理時間)

[コメント]

　定番のじゃがりこマッシュの味とコクを煮込み系の料理に活かそうと考え出したレシピ。

　短時間で仕上がるのに、一日経ったクリームシチューのような濃厚な味になる。駄菓子のカルパスも効いていて、お菓子が転身した料理とは思えないできばえだ。

[材料]　約120g　約300cc

じゃがりこ……1パック
カルパス……2本
クリームシチュー……少量

[作り方]

❶ じゃがりこをマッシュポテトにする(p.44参照)。
❷ じゃがりこマッシュをコッヘルに入れ、小さく切ったカルパスを入れる。クリームシチューのルウ(顆粒タイプ)を入れ、水を加えて煮込んだらできあがり。

[ワンポイント]

クリームシチューのルウ以外に、カレーのルウを使うのもいい。手軽にこってりとしたボリューム感あるカレーをつくることができる。水の量で、スープ系かこってり系か決まる。

COLUMN 5

被災地とパックごはん

　2004年秋に起きた新潟県中越地震の数カ月後、ぼくは時事通信社の記者に取材を申し込まれた。災害時に役立つワンバーナークッキングを特集記事にしたいから、レシピをいくつか教えてほしいとのことである。

　たしかに電気も調理設備もない被災地でワンバーナークッキングは役立つ。依頼を引き受けたぼくが食材として思い当たったのは、通称「パックごはん」の包装米飯だ。被災地でボランティア活動をしたとき、保存がきくパックごはんが現地で配給されている光景を目にしたからだ。

　しかし、パックごはんのパッケージには「電子レンジで2分、熱湯で15分以上加熱」と書かれてある。電気がなく、燃料も節約したい状況で、その調理方法は実用的とはいえない。

　そこでパックを破り、中身を直接調理してみたら、これが大成功。

　普通のごはんとしてではなく、チャーハンや雑炊、焼きおにぎり用のごはんとして使えば短時間で調理ができるし、しかもおいしいのである。

　結果的にパックごはんがワンバーナークッキングのレシピの幅を広げることになり、レパートリーが増えたが、パックごはんは「電子レンジで2分、熱湯で15分以上加熱」でなくても食べられることを、多くの人々に伝えたい。

　その思いを込めて、次項からパックごはんレシピを紹介しよう。

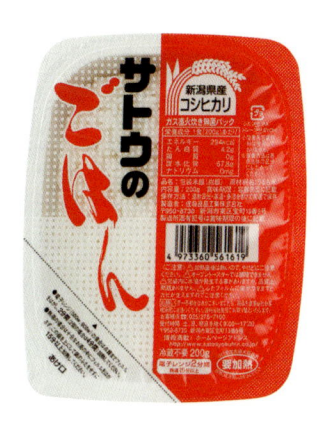

スーパーなどではパック売りされているし、コンビニでも手に入る。少し重いけど、おいしくて長期保存可能。アウトドアの旅に有効な食材である

Recipe 13

パックごはんとパスタソースで

タラコチャーハン

深いコッヘル ￥350 3分40秒

[コメント]

　和風パスタソースは、その名のとおり和食をアレンジしたものだから、ごはんとの相性が悪いはずがない。パックごはんはオイルを含んだパスタソースにからみやすく、短時間でチャーハンに仕上げることができる。タラコのつぶつぶがピンクから白に変色したら、できあがりのサインだ。具として加えたスイートコーンの甘みとタラコの塩気がお互いの旨味を引き出して、食事が進む。辛みが欲しい場合は、明太子ソースを使うといい。

[材料]　約320g　なし

パックごはん……1袋
たらこスパゲティーソース……1袋
スイートコーン……適量

[作り方]

❶ パックごはんをコッヘルに入れ、火にかけて炒める。
❷ タラコソースを加えて炒める。
❸ スイートコーンを入れてさらに炒めて、
　仕上げにスパゲティーソースに入っていたトッピングの
　刻み海苔をふりかける。

[ワンポイント]

パックごはんを開ける前に手でもみ、
中身のごはんをほぐしておくと、炒めるのが簡単。
パラパラのごはんは、むしろチャーハン向きだ。

PART 十　ごはんもの　Recipe 13　タラコチャーハン

Recipe
14
まるで本格イタリアン！の自信作
マロンリゾット

深いコッヘル ￥300 5分20秒

[コメント]

　つくる過程を見せることなく、きれいな皿に盛りつけてこの料理を出したら、食した人間は一流のイタリア料理だと思うことだろう。それほどまでに完成度が高い自信作である。

　オニオンコンソメスープと甘栗がよく合うし、とろけるチーズが、コンソメ味に浸ったごはんと甘栗を濃厚な料理に昇華していく。寒い季節に食べれば、チーズが溶けたアツアツのとろみと上品な味つけに身も心も温まるはずである。

PART 4 ごはんもの ⊙ Recipe 14 ⊙ マロンリゾット

[材料]　345g　約150cc

パックごはん……1袋
むき甘栗……1袋
オニオンコンソメスープ……1袋
とろけるスライスチーズ……数枚

[作り方]

❶ ほぐしたパックごはんをコッヘルに入れ、
　オニオンコンソメスープのもとをかける。
❷ 適度につぶした甘栗を加え、水を適量入れて火にかけて煮込む。
❸ 沸騰して雑炊状態になったらスライスチーズをのせ、
　チーズがとろけたらできあがり。

[ワンポイント]

むき甘栗は袋を開けてから細かくするのではなく、
袋を開ける前に両手で圧縮して、
中身を適度につぶしておくといい。

Recipe 15

中はふっくら、表面はカリッとお焦げに！

ビビンバ風焼きおにぎり

フライパン ￥550 6分

[コメント]

　ご存知のようにパックごはんは圧縮されたように固まっている。その固まった状態を逆手に取った調理法である。

　フライパンのふたをしてオーブン状態でじんわり焼くと、内部はふっくら、表面はカリッとした理想的な焼きおにぎりになる。醤油や味噌を塗ってもおいしいが、コチュジャンを塗って表面がお焦げになった石焼きビビンバを堪能したい。ガーリックマーガリンとコチュジャンの組み合わせが絶妙なおいしさだ。

[材料]　353g（1回分は約250g）

パックごはん……1パック
ガーリックトーストスプレッド……適量
コチュジャン……適量

[作り方]

❶ 固まった状態のパックごはんをナイフで4等分にカットする。
❷ フライパンにガーリックマーガリンを敷き、カットしたパックごはんを焼く。
❸ 両面がカリッとなるまで焼いたら、コチュジャンを塗ってできあがり。

[ワンポイント]

おにぎりの片側を焼いているとき、
もう片方の表面にガーリックマーガリンを
塗ってからひっくり返す。
そうすればおにぎりの両側が均等にカリッと焼ける。

PART 4　ごはんもの ▼ Recipe 15 ▼ ビビンバ風焼きおにぎり

Recipe 16。

焼きおにぎりと、とろ〜りスープのハーモニー

ポタージュの
あんかけおにぎり

フライパン　¥450　6分30秒

[コメント]

　前項と同じ方法でパックごはんを焼きおにぎりとしていただくレシピ。とろみのあるポタージュスープをかけることで、食感にバリエーションが出るし、味に深みが増す。

　カリッとしたおにぎりのお焦げと、とろりとしたスープのハーモニーがたまらなくおいしい。カップスープは種類が豊富。クラムチャウダーやパンプキンスープなども、ガーリックマーガリンで焼いたおにぎりと相性がいい。

[材料]　328g（1回分は約250g）　　約180cc

パックごはん……1パック
ガーリックトーストスプレッド……適量
ポタージュスープ……1袋

[作リ方]

1. パックごはんをフライパンで焼きおにぎりにする（前項参照）。
2. スープのもとにお湯を注いで、ポタージュスープをつくる。
3. 焼きおにぎりに熱いとろとろのポタージュスープをかけてできあがり。

[ワンポイント]

前項に共通するポイントだが、
おにぎりを焼くときはフライパンにふたをすると
オーブンのように熱がこもって
おにぎりの内部がふっくらと温まる。

PART 4　ごはんもの ⊙ Recipe 16 ⊙ ポタージュのあんかけおにぎり

Recipe 17

「缶つま」で、ぶったまげるほどのうまさに!

タコとアサリのパエリア

深いコッヘル | ¥1150 | 7分

[コメント]

　国分の「缶つま」シリーズは、従来の缶詰を超越した次元にある。その完成度の高さをワンバーナークッキングに応用したら、ぶったまげるくらいおいしいスペイン料理が完成した。

　タコを浸けたオリーブオイルとパエリアの調味料は、オリジナル商品として売り出してもいいくらい相性がいい。タコの柔らかさと上品な味つけも際立っている。多少重量は増えるが、そのマイナス面を補って余りある傑作料理といえる。

[材料]　460g　なし

パックごはん……1パック
缶つま・たこ油漬……1缶
シーズニングミックス・パエリア……1袋
調理済みあさり……1パック
フライドガーリック……1袋

[作り方]

❶ はじめに缶つまのオリーブオイルだけをコッヘルに入れて火にかけ、ほぐしたパックごはんを入れて炒める。
❷ パエリアの調味料を加えてかきまぜる。
❸ 缶つまのタコとアサリを入れてさらに炒め、仕上げにフライドガーリックをかける。

[ワンポイント]

缶つまのオリーブオイルは上質で量も多い。
ごはんにオリーブオイルをからめたら、
炒めるときにこまめにかきまぜず、
ごはんに焦げ目をつくってカリッと仕上げると
さらにおいしい。

PART 千　ごはんもの　⊙ Recipe 17 ⊙ タコとアサリのパエリア

Recipe 18

噛むほどにおいしく、カルシウムたっぷり

アーモンドフィッシュチャーハン

深いコッヘル　￥250　3分10秒

[コメント]

　カルシウムが補え、山歩きの行動食としても愛用されているアーモンドフィッシュをチャーハンの具に利用してみた。ごはんに混ざったアーモンドと小魚の嚙み心地が楽しい。嚙むほどに味が出る。油の代用にマヨネーズを使ったことで、小魚の薄味が活きてくる。

[材料]　338g　なし

パックごはん…1パック　マヨネーズ…1袋
アーモンドフィッシュ…1袋

[作り方]

❶ コッヘルにマヨネーズを敷いて火にかけ、ほぐしたパックごはんを入れて炒める。
❷ ある程度火が通ったら、アーモンドフィッシュを加えてかきまぜる。

[ワンポイント]

すべてのチャーハン系クッキングに通じることだが、チャーハンはフライパンよりも深型のコッヘルのほうがごはんがこぼれなくて炒めやすい。
フッ素樹脂加工だと焦げつくこともない。

PART 5

NOODLE & PASTA

麺類・パスタ・粉モノ

▾

小腹を満たすメニューもあれば
こってりガッツリ系もたっぷり。
麺も粉もバリエーションが豊富。

Recipe 19

永谷園のお茶づけで、ホッとする日本の味
お茶づけマヨスパ

浅いコッヘル or 深いコッヘル　¥180　7分30秒

[コメント]

わが家では日常的に食べているスパゲティーの定番だ。

タラコなどの和風スパゲティーがあるように、スパゲティーは和食に合う。ロングセラーの「永谷園のお茶づけ海苔」は日本人にとっては安心の味だ。マヨネーズとからめると塩気がまろやかになって、ちょうどいい塩梅になる。海苔の香りもいいし、スパゲティーに混じったカリッとしたあられのアクセントもうれしい。応用として、「永谷園の鮭茶づけ」を使ってもおいしい。

[材料]　130g　約500cc

スパゲティー……約100g
マヨネーズ……1袋
お茶づけ海苔……1袋

[作り方]

❶ コッヘルでスパゲティーを茹でる。ふきこぼれないように、スパゲティーを入れたら火力を弱める。
❷ 茹で上がったらお湯を捨てる。コッヘルを傾けて捨てたあと、最後はふたをあてて湯を切る。ふたがはずれないよう慎重に。
❸ お茶づけ海苔、マヨネーズを入れてかきまぜる。

[ワンポイント]

3分程度で茹であがるスパゲティーが市販されているので、
そちらを使えば調理時間が短縮できる。
コッヘルやフライパンに入る
ショートサイズになっていて使いやすい。
サラスパを使うと茹で時間は1分程度で済む。

PART 5

麺類・パスタ・粉モノ ⊙ Recipe 19 ⊙ お茶づけマヨスパ

Recipe 20

男子におすすめ、ガッツリ系！

コンビーフペペロンチーノ

浅いコッヘル or 深いコッヘル　¥550　9分

[コメント]

　ペペロンチーノのスパゲティーソースは普通につくってもおいしいが、コンビーフを加えると味は濃厚、ボリューム満点のメニューとなる。ペペロンチーノのソースがコンビーフの旨味を引き出すし、牛肉臭さも緩和される。がっつり食べたい男性におすすめのレシピ。

[材料]　127g　約500cc

スパゲティー……約100g
ペペロンチーノソース……1袋
コンビーフ……1パック

[作り方]

❶ コッヘルでスパゲティーを茹でて
　お湯を捨て（前項参照）、コンビーフを入れる。
❷ ペペロンチーノソースをかけ、かきまぜる。
　コッヘルを火にかけ、コンビーフに熱を通して
　柔らかくする。最後にトッピングのバジルと
　ガーリックをかける。

[ワンポイント]

明治屋のコンビーフは缶タイプではなく、
プラスチック系容器にパッキングされている。
缶に比べて軽いし、使用後の携帯もラクだ。

Recipe 21

ほんのり甘味にゆずコショウがピリリ

のりクロスパ

浅いコッヘル or 深いコッヘル　￥900　7分30秒　PART 5

[コメント]

　のりクロは、ゆずコショウと有明海産の一番海苔・二番海苔をブレンドしたペースト。ガーリックマーガリンとともにスパゲティーに混ぜると、ほんのりとした甘味とピリッときくゆずコショウに食が進む。一度食べたらクセになるおいしさだ。

[材料]　337g（1回分は約150g）　約500cc

スパゲティー……約100g
ガーリックトーストスプレッド……適量
のりクロ……適量

[作り方]

① コッヘルでスパゲティーを茹でてお湯を捨てる（p.83参照）。
② 茹であがったスパゲティーにガーリックマーガリンとのりクロを適量かける。

[ワンポイント]

のりクロは九州の空港の売店などで売られているが、通販でも購入できる。携帯に便利なチューブ式で、ごはんにかけてもおいしい。
www.yuzusco.com

COLUMN 6

目からウロコのパスタ術

　NHKの番組で紹介されたパスタ調理法に驚愕した。料理研究家のアレックス氏が開発した、その名も「1分パスタ」である。

　茹で時間が10分以上かかるパスタも、たった1分で茹であげる常識破りのウラ技だ。

　方法はいたって簡単。パスタを水に1時間以上浸し、あとは1分間茹でるだけ。水を吸ってふにゃふにゃ状態のパスタが本当に1分間ボイルするだけで茹であがる。1.4mmなら1時間以上、1.7mmなら1時間半以上、1.9mmなら2時間以上と、太さによって浸す時間は変わるが、特筆すべきは浸す時間が長くなってもかまわないことだ。吸水しすぎることがないそうで、水に浸した状態で冷蔵庫に3日間保存しても、1分パスタとして使えるという。

　なぜそんな芸当が可能かというと、乾麺は長時間茹でることで内部がゆっくり糊化していくが、水は熱を伝えやすいため、麺が水を含んでいればすぐにデンプンを糊化することができるのだ。

　スパゲティーのような細い麺は浸した水を換えて茹でる必要があるが、ペンネのようなショートパスタは浸した水で茹でられる。

　このウラ技によって、ペンネがワンバーナークッキングの主役級に躍り出た。開発したアレックス氏と紹介した番組『ためしてガッテン』、そして番組に出演したチュンチュンこと、小雀陣二さんに感謝。ありがとう！

アウトドアで実践する場合は、ジップロックの密閉袋が欠かせない

右が水に浸す前のペンネ。1時間以上浸すと左のように白く変色する

茹でるとどんどん色が変わっていく。パスタマジックと呼びたい

Recipe
22

味噌がミソ、のパスタ料理

ミソパスタ

浅いコッヘル or 深いコッヘル ￥450 3分30秒
＋1時間以上（p.86のパスタのウラ技使用）

[コメント]

左ページのウラ技を使ったパスタ料理。タルタルソースはビッグカツ（p.52参照）やパンにつけるなど、応用がきくが、パスタの場合は物足りなさを感じる。そこで加えたのが味噌だ。ダシが入っているため、味に深みが生まれ、食べ応えあるパスタに仕上がる。

[材料]　259g（1回分は約170g）　約200cc

ペンネ……シェラカップ1杯
インスタント味噌汁……1袋
タルタルソース……適量

[作り方]

❶ ウラ技（左ページ参照）でペンネを茹でる。
❷ 茹であがったらお湯を切り、インスタント味噌汁とタルタルソースをかけて混ぜ合わせる。

[ワンポイント]

インスタントの味噌汁はワカメ以外に
アサリ汁などもおすすめ。
使い切りの1パックタイプで、
いろんな味を試してみよう。

Recipe 23

ねちっこさを逆手にとったスパゲティー

グラタン風スープスパ

浅いコッヘル or 深いコッヘル ¥250 2分

+1時間以上（p.86の パスタのウラ技使用）

[コメント]

　パスタのウラ技はペンネのようなショートパスタにはぴったりだが、スパゲティーの場合は浸した水を使って茹でると、ねちっこくなる。ならばそのねちっこさを活かそうとグラタン風に仕上げた。水に浸すときにカップスープのもとを入れてスパゲティーに染み込ませ、茹で上がったらとろーりとしたポタージュスープをからめる。クリームシチューをかけたグラタンのようなおいしいスパゲティーの完成である。

[材料]　145g　約200cc

スパゲティー……100g
オニオンコンソメスープ……1袋
ポタージュスープ……1袋

[作り方]

❶ ウラ技（p.86参照）を使う。フリーザーパックにスパゲティーと水を入れ、オニオンコンソメスープのもとを混ぜて1時間以上浸す。
❷ 1時間以上経ったらコッヘルに入れて茹でる。
❸ 茹であがったらポタージュスープのもとを入れてかきまぜる。

[ワンポイント]

水分を多くしてシチュー状にしてもいい。
仕上げに粉チーズをかけると、
さらにボリュームが増す。

Recipe 24

ピザソースとサラミは絶妙コンビ

サラミピザパスタ

浅いコッヘル or 深いコッヘル　¥750　3分

＋1時間以上（p.86のパスタのウラ技使用）

［コメント］

　ウラ技パスタを使った最高傑作かもしれない。ピザトーストソースとサラミの組み合わせがおいしくないわけがない。

　黒胡椒を使ったサラミはつまみだけあって、味つけが濃いし、噛み応えがあって、ペンネとよく合う。薄く均等にスライスされていることも、ショートパスタの具材として最適だろう。ただのサラミとの組み合わせならタバスコが欲しくなるが、黒胡椒の辛味が効いているため必要ない。理想的なペンネの完成だ。

PART 5

麺類・パスタ・粉モノ ⊙ Recipe 24 ⊙ サラミピザパスタ

［材料］　155g (1回分は約140g)　約200cc

ペンネ……シェラカップ1杯
ピザトーストソース……1袋
黒胡椒サラミ……適量

［作り方］

❶ ウラ技(p.86参照)を使う。
　フリーザーパックにペンネを入れて1時間以上浸す。
❷ 1時間以上経ったらコッヘルに入れて茹で、
　火が通ったら水を切り、ピザソースを加える。
❸ サラミを入れて、かきまぜたらできあがり。

［ワンポイント］

ペンネは水に浸す時間が長ければ長いほど、
茹でる時間が短くて済む。
余ったサラミはもちろんつまみになる。

なるべく長〜く！

Recipe 25

ゴマ塩が味のアクセント

ツナコーンパスタ

浅いコッヘル or 深いコッヘル　¥550　3分30秒

＋1時間以上（p.86の
パスタのウラ技使用）

[コメント]

　ツナとコーンとマヨネーズ。このコンビネーションはサラダのトッピング、あるいはおにぎりの具など幅広く使われている。

　もちろんパスタにも有効だが、パスタの場合はコーンとマヨネーズの甘さが目立ちすぎる。そこで携帯しやすいゴマ塩を加えたところ、ちょうどいいバランスとなった。ちなみにコーンマヨとツナという組み合わせを使ったが、ツナマヨとコーンを使う方法もある。試してみたけど、ぼくはコーンマヨのほうが好み。

[材料]　329g（1回分は約180g）　約200cc

ペンネ……シェラカップ1杯
ライトツナ……適量
コーン&マヨ……適量
ゴマ塩……1袋

[作り方]

❶ ウラ技(p.86参照)を使う。
　フリーザーバックにペンネを入れて1時間以上浸す。
❷ 1時間以上経ったらコッヘルに入れて茹で、
　火が通ったら水を切り、ツナを混ぜる。
❸ コーン&マヨを適量加えて、仕上げにゴマ塩をふってできあがり。

[ワンポイント]

コーン&マヨだけでは塩気が足りないので、
小パックのゴマ塩をふったが、
小分けの塩コショウがあればそれもいい。

PART 5

麺類・パスタ・粉モノ ⊙ Recipe 25 ⊙ ツナコーンパスタ

Recipe
26

乾物の旨味成分が、いいダシに

乾物パスタ

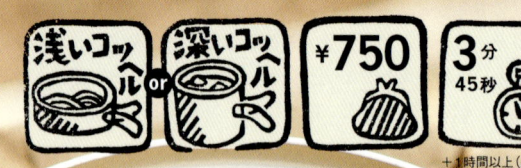

浅いコッヘル or 深いコッヘル ¥750 3分45秒

＋1時間以上（p.86のパスタのウラ技使用）

[コメント]

　軽くて、長期保存がきいて、水で戻すとボリュームが出て、栄養価も高い。乾物はバックパッカーにとって最適の食材だろう。ウラ技パスタ術でペンネとともに、つまみのさきいかや、塩コンブ、しいたけなどの乾物を水に浸しておけば、それぞれの旨味成分がダシとなってペンネとからみ、絶品のパスタに仕上がる。とくにさきいかはもとがおつまみとは思えないほどの変身ぶり。深い味わいとともに、食感のハーモニーが楽しめるパスタ料理だ。

[材料]　279g（1回分は約225g）　約200cc

ペンネ……シェラカップ1杯　乾しいたけ……適量
塩こんぶ……適量　さきいか……適量
ガーリックトーストスプレッド……適量　パック醤油……適量

[作り方]

❶ ウラ技（p.86参照）を使う。フリーザーパックにペンネ、乾しいたけ、塩こんぶ、さきいかを入れて1時間以上水に浸す。
❷ すべての具材がふやけたらコッヘルに入れて火にかける。
❸ 煮立ったら醤油とガーリックマーガリンを加えて味をととのえる。

[ワンポイント]

醤油で味つけをするかわりに、
松茸の味お吸いものを使ってもいい。
より濃厚な味つけになる。

PART 5　麺類・パスタ・粉モノ ⊙ Recipe 26 ⊙ 乾物パスタ

Recipe 27

おなじみ品が別次元のカルボナーラに

チキンラーメンカルボ

浅いコッヘル　¥350　4分10秒

[コメント]

　チキンラーメンの匂いを嗅ぐと、条件反射的に食欲が湧くバックパッカーは少なくない。チキンラーメンは卵を加えるだけでいい、と思っている人にこそ、このレシピを試してもらいたい。別次元のカルボナーラだ。チキンラーメンの底力を実感することになるだろう。

[材料]　160g（1回分は約130g）　約300cc

チキンラーメン……1袋
卵……1個
生チーズ……適量

[作り方]

❶ お湯を沸かしてチキンラーメンを入れて、約1分茹でる。
❷ スープを切って水気をとり、卵を入れる。
❸ 生チーズをたっぷりかけてかきまぜればできあがり。

[ワンポイント]

お湯の量は少なめにする。
茹であがったら軽くまぜ、スープはシェラカップに入れて麺と分ける。
シェラカップに入れたスープは、もちろん飲み干そう。

Recipe

28

チキンラーメンをトマト味に!

チーズトマトラーメン

浅いコッヘル　¥350　4分30秒

[コメント]

　カップヌードルにチリトマトがあるんだから、チキンラーメンをトマト味にしてもおいしいはず、という発想から生まれたレシピ。結果は大成功で、左ページのカルボナーラに匹敵するおいしさだ。生チーズは要冷蔵だが、季節と場所を考えれば携帯可能。

[材料]　126g（1回分は約110g）　約300cc

チキンラーメン……1袋
トマトペースト……1袋
生チーズ……適量

[作り方]

❶ お湯を沸かしてチキンラーメンを入れて、約1分茹でる。
❷ スープを切って水気をとり、トマトペーストを入れる。
❸ 生チーズをたっぷりかけてかきまぜればできあがり。

[ワンポイント]

コッヘルのお湯が沸いたらチキンラーメンを入れてふたをするだけでもできる。ただしその場合は3分かかる。時間を短縮したい人、熱々を食べたい人はチキンラーメンを茹でよう。茹で時間はわずか1分だ。

PART 5

Recipe 29。

辛ラーメンに餅をプラス
韓国カラーメン

浅いコッヘル ／ ¥250 ／ 6分15秒

[コメント]

　韓国カ（ちから）ラーメンと読んでもらいたい。餅を入れたうどんがカうどんだから、餅を入れたラーメンをカラーメンと名づけた。パッケージからしてインパクトある辛ラーメンを、寒い季節によりおいしくいただくための簡単レシピだ。

　辛ラーメンは食べると体が火照ってくるが、モチが溶けることでとろみが出て一段と体が温まる。強烈な辛さがチーズによってマイルドになり、辛いのが苦手な人でも食べやすいはずだ。

[材料]　189g　約500cc

辛ラーメン……1袋
スライス餅……3枚程度
とろけるチーズ……2枚程度

[作り方]

❶ お湯を沸かして辛ラーメンを入れて、約4分茹でる。
　4分経ったら火を止め、スープを入れる。
❷ スープをかきまぜたあと、スライス餅を3枚ほど並べる。
❸ スライスチーズを上にのせ、ラーメンに付いている
　トッピングをかけてできあがり。

[ワンポイント]

普通の餅を使う場合は、ラーメンとともに入れて一緒に茹でる。スライス餅は余熱でオーケー。茹でると形がなくなって溶けてしまう。

体が温まるメニュー！

PART 5　麺類・パスタ・粉モノ ⊙ Recipe 29 ⊙ 韓国カラーメン

Recipe 30

生麺タイプのそばが絶品!

ゴボ天そば

浅いコッヘル ¥350 7分30秒

[コメント]

　インスタント麺業界の進歩が著しい。新たに登場した生麺タイプのシリーズは普通に食べてもおいしく、ワンバーナークッキングの可能性をさらに広げた。そばでいえば、日清のどん兵衛。「生そば食感」のキャッチは伊達ではない。卵と天かすを加えるだけでもおいしさが増すが、九州福岡で一番人気のうどんの具材、ゴボ天仕立てにしてみた。スナック菓子のごぼうチップスは、まさにゴボ天。立ち食いそば屋で出せるくらいの完成度だ。

[材料]　234g（1回分は約200g）　約500cc

インスタントそば……1袋
ごぼうチップス……適量
卵……1個

[作り方]

❶ お湯を沸かしてインスタントそばを入れ、約5分茹でる。
❷ スープを入れてかき混ぜたあと、ごぼうチップスをたっぷり入れる。
❸ 卵を入れてできあがり。

[ワンポイント]

そばもおいしいけど、
生麺タイプのうどんを使ってもおいしい。
むしろ、うどんのほうがごぼうチップスに
合っているかもしれない。

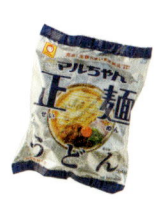

PART 5　麺類・パスタ・粉モノ ⊙ Recipe 30 ⊙ ゴボ天そば

Recipe 31。

スープと溶き卵のとろみがたまらない

ふかひれうどん

浅いコッヘル ￥200 8分30秒

PART 5 麺類・パスタ・粉モノ ⊙ Recipe 31 ⊙ ふかひれうどん

[コメント]

　前項と同じく生麺タイプのインスタント食品を使うが、こちらはマルちゃんの生麺うどん。つるつるの食感とコシのある麺は乾麺を超越したレベルにある。その麺の特徴を有効に使おうと、トロトロのふかひれスープとコラボさせた。溶き卵を入れるととろみがさらに増して、コシのあるうどんにからむ。寒い季節には、たまらない温かさだ。見た目で損をしているけど、うまさは超一級品。だまされたと思って、試してもらいたい。

[材料]　286g　約300cc

インスタントうどん（生麺タイプ）……1袋
ふかひれスープ……1袋
卵……1個

[作リ方]

1. お湯を沸かして麺を入れ、約3分茹でる。
2. ふかひれスープのもとを入れ、まぜながら1分ほど煮込む。
3. シェラカップで溶いた卵を均一にかけ、さらに1分ほど煮込んで麺にからませればできあがり。

[ワンポイント]

うどんを茹でるのに使う水の量は500ccだが、
ふかひれスープが入ることを考えて半分弱の水で茹でる。
うどんに付いている粉末スープは使わないから、
とっておいて別の機会に利用しよう。

付属の粉末スープも捨てないで

Recipe 32

噛むほどに味が出る満腹メニュー

ビーフンちゃんぽん

浅いコッヘル ／ ¥500 ／ 4分

[コメント]

　焼ビーフンは先に野菜を炒めてから麺を加えて水を入れるが、野菜を使わないワンバーナークッキングでは、乾燥野菜であるラーメンの具といかの燻製を一緒に入れて戻していく。

　焼ビーフンにはあらかじめ味がついており、その味つけがイカの燻製といいバランスを保つ。ビーフン、いかの燻製、ラーメンの具。どれも噛めば噛むほど味が出るから、少量でも満腹感が得られる。調理時間も短めだし、山のランチに最適なメニューだ。

[材料]　228g（1回分は約180g）　約200cc

焼ビーフン……1袋
ラーメンの具……1袋
いか燻製短冊……適量

[作り方]

❶ コッヘルに焼ビーフンを入れる。
❷ ラーメンの具と、いかの燻製を適量入れる。
❸ 水を入れてかきまぜながら火にかける。
　 水気が足りない場合は途中で足して、
　 ビーフンがほぐれたらできあがり。

[ワンポイント]

フリーズドライのラーメンの具は旅の装備に加えておきたい。
インスタントラーメンをつくるときにも当然重宝する。
他にちゃんぽんの具という商品もあって、
こちらもビーフンに合う。

乾燥野菜を活用しよう！

PART 5　麺類・パスタ・粉モノ ⊙ Recipe 32 ⊙ ビーフンちゃんぽん

Recipe
33

小エビのダシとお茶づけ海苔がよく合う

お茶づけそうめん

￥300 3分10秒

[コメント]

　そうめんを調理する場合、茹でたお湯を一度捨てて水ですすぐ、という作業が必要になる。しかし、水が貴重な山岳地帯では無駄に水を使いたくないし、茹でたお湯を捨てることにも抵抗がある。その課題を解決したのが、インスタントラーメンのように麺の茹で汁をスープにして使うこのレシピだ。

　麺に適度の塩気があり、小エビのダシとよく合う。お茶づけ海苔との相性も抜群のおいしさだ。

[材料]　98g（1回分は約70g）　約400cc

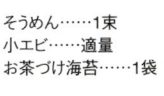

そうめん……1束
小エビ……適量
お茶づけ海苔……1袋

[作り方]

❶ コッヘルに水と小エビを入れて沸騰させる。
❷ そうめんを入れて、かきまわしながら茹でる。茹で時間は1分程度。
❸ 火をとめて、お茶づけ海苔をかける。

[ワンポイント]

仕上げにチューブバター、
あるいはガーリックマーガリンを
少し加えるとコクが出るし、
寒い季節はより温まる。

PART 5

麺類・パスタ・粉モノ ⊙ Recipe 33 ⊙ お茶づけそうめん

Recipe 34。

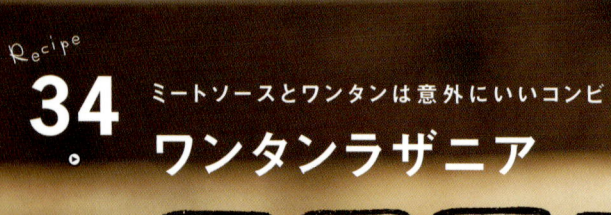

ミートソースとワンタンは意外にいいコンビ

ワンタンラザニア

浅いコッヘル or 深いコッヘル　¥200　5分20秒

[コメント]

　中華料理であるワンタンをミートソースによって西洋料理にしてしまおう、と思いついた簡単なレシピだ。

　ミスマッチに思われがちだが、スープを入れる前のワンタンはどんな料理にも応用がきく万能選手で、ミートソースとワンタンの皮が違和感なく溶け込む。オーブンで表面を焼くわけではないからラザニアとはいいにくいものの、味と食べ応えのあるボリュームからワンタンラザニアと名づけたい。

[材料]　222g　　約300cc

ワンタン……1袋
ミートソース……1袋

[作リ方]

❶ コッヘルで適量のお湯を沸かしてワンタンを入れ、煮込む。
❷ ワンタンに火が通ったら、ミートソースを入れて軽くかきまぜながら煮込んで、できあがり。

[ワンポイント]

ワンタンを利用する以外に、
餃子の皮をラザニアに使うのもいい。
ミートソースに少量の水を加えて茹で、
餃子の皮を何枚か一緒に煮込めば完成。

PART 5

麺類・パスタ・粉モノ ⊙ Recipe 34 ⊙ ワンタンラザニア

Recipe 35

お好み焼きの新しき世界

カラムーチョ海鮮お好み焼き

浅いコッヘル and フライパン　￥700　9分15秒

[コメント]

　お好み焼きはどんな具が加わろうとも、焼けた小麦粉とマヨネーズとソースの結束力で、これもお好み焼きとしてありなんだ、と納得してしまう。カラムーチョとさきいかの組み合わせは大胆ではあるけれど、辛味がきいているし、噛むことでさきいかの旨味が口に広がる。カラムーチョの食感もいいアクセントになっており、薄い餅を加えたことで弾力と粘りがお好み焼きに加わる。肉がなくてもボリューム満点だ。

[材料]　585g（1回分は約180g）　約100cc

お好み焼き粉……適量
カラムーチョ……適量
さきいか……適量　　スライスもち……2枚
マヨネーズ……適量　ソース……適量

[作リ方]

❶ お好み焼き粉を水で溶き、さきいかとカラムーチョをまぜ合わせる。
❷ マヨネーズを油がわりにフライパンに敷き、適量の❶を焼く。
❸ スライス餅もちを2枚ほど並べ、片面が焼けたらひっくり返して両面を焼く。マヨネーズとソースで味つけをして完成。

[ワンポイント]

具と粉をかきまぜるためのコッヘル、
焼くためのフライパンの両方を使う。
一度にたくさん焼くとひっくり返しにくくなるし、
火も通りにくくなる。薄めに焼いていこう。

PART 5

麺類・パスタ・粉モノ ⊙ Recipe 35 ⊙ カラムーチョ海鮮お好み焼き

Recipe 36 食べ応えのある朝食向きメニュー
グラノーラパンケーキ

シェラカップ and フライパン　￥700　7分10秒

[コメント]

ホットケーキは朝食向きだし、栄養バランスがとれたグラノーラも朝食に最適。ならばコラボさせようと思いついた朝食向きのレシピだ。グラノーラが入ることで軽めのホットケーキが食べ応えのあるメニューに進化する。山の朝食におすすめだ。

[材料]　248g (1回分は約150g)　約100cc

ホットケーキミックス粉……適量
フルーツグラノーラ……適量
チューブバター……適量

[作り方]

❶ シェラカップ、あるいはコッヘルにホットケーキミックス粉を入れて水で溶く。グラノーラを適量入れてまぜあわせる。
❷ フライパンにチューブバターを敷いて焼く。片面が焼けたらひっくり返して両面焼く。

[ワンポイント]

バーナーパット(p.29参照)を使って弱火でゆっくり焼くこと。フライパンにはふたをして、蒸らせば内部まで熱が通りやすい。

Recipe

37

辛党のためのアレンジパンケーキ

チーズカルパスパンケーキ

PART 5

シェラカップ and フライパン　¥600　6分

[コメント]

前項と同じく、ホットケーキを応用したレシピだが、こちらは辛党のためにアレンジを加えた。カルパスとチーズの組み合わせはばっちりだし、甘みを感じるホットケーキミックスの粉と生チーズが意外に合う。チューブバターを塗るとさらにおいしい。

[材料]　292g（1回分は約140g）　約100cc

ホットケーキミックス粉……適量
カルパス……2本
粉チーズ……適量
チューブバター……適量

[作り方]

❶ カルパスを小さく切る。
❷ ホットケーキミックス粉と切ったカルパス、生チーズをシェラカップに入れ、水を加えて溶く。
❸ フライパンにチューブバターを敷いて焼く。片面が焼けたらひっくり返して両面焼く。

[ワンポイント]

前項と同様にバーナーパット（p.29参照）を使って弱火でゆっくり焼こう。

COLUMN 7

洗い物&ゴミ収納術

　ワンバーナークッキングに食器洗剤は必要ない。シリコン製のスプーンと少量の熱湯、ティッシュ1枚があれば食器洗いは事足りる。方法は写真に示したとおりだ。

　ここでは少量のお湯を使っているが、高山植物が咲き誇るような山岳地帯ではこの行為を省き（お湯をフィールドに捨てるのはマナー違反だからだ）、スプーンとティッシュで汚れを拭き取るだけにとどめたい。そもそもアウトドアでコッヘル類はピカピカである意味がないし、多少汚れていたとしても野外クッキングを積み重ねていけば、そんなことは気にしていられなくなるはずだ。

　そしてクッキング後に出たゴミの収納には、食料のパッキングと同じくジップロック式の袋が役立つ。ゴミがいっぱいになったら、手のひらでゴミを圧縮して中の空気を出しながらジップロックを閉じる。そうすることで布団を収納する圧縮袋のように、コンパクトにまとめることが可能となる。

①シリコン製のスプーンでコッヘル表面の汚れを丹念にこそげ落とす。②少量の水を入れて沸かし、スプーンを使ってお湯をかけるようにコッヘルの内部を洗う。③最後にティッシュペーパーで拭いておしまい。汚れも油分もじゅうぶん落ちる。

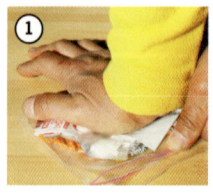

①手のひらで袋全体を圧縮したままジップロックを閉じていく。②圧縮することでゴミの収容力が増えるし、ゴミがコンパクトになる

PART 6

SNACK
つまみ

▽

おやつがわりに軽くたべたいときに、
主食のおかずにもう一品欲しいときに。
そしてもちろん、今宵の酒のおつまみに。

Recipe 38

焼いて焦げめをつければさらにおいしい

コンビーフマッシュポテト

浅いコッヘル and フライパン　￥400　4分40秒

[コメント]

　マッシュポテトはお湯を足せばすぐに食べられるマジックフードだ。p.48ではパスタソースとの組み合わせを紹介したが、コンビーフと混ぜ合わせ、フライパンで表面を焼くといいつまみになる。パン粉をつけて油で揚げたらおいしいコロッケになるはず。

[材料]　150g　約180cc

マッシュポテト……1袋
コンビーフ……1パック

[作り方]

❶ コッヘルでお湯を沸かし、マッシュポテトの粉を入れてかきまぜる。
❷ コンビーフを入れ、弱火で熱しながらこねるようにまぜる。
❸ フライパンで両面を軽く焼く。

[ワンポイント]

焼かなくてもおいしいが、焦げめがつくと一段とおいしくなる。酒のつまみにするなら、しっかり焼いておきたい。

Recipe

39

餅でもちもち、腹持ちもいい

もちピザ

フライパン ¥300 4分10秒

[コメント]

　四万十塾の木村とーるから教えてもらったメニューだ。ピザ生地がわりにもちを使うのはミスマッチに思えるのだが、ピザとは次元が違うもちもちの食感がおいしい。ピザ生地よりも腹持ちがいいところも、登山者やバックパッカーにはありがたい。

[材料] 77g なし

スライス餅……4枚程度
ピザトーストソース……1袋
とろけるチーズ……1枚

[作り方]

❶ フライパンの底が隠れる程度に餅を並べ、ピザトーストソースを塗って、とろけるチーズをかぶせる。
❷ フライパンにふたをして弱火で焼く。

[ワンポイント]

焦げすぎないように火力調整しよう。
つまみ用のサラミを加えれば、
一段とピザっぽくなっておいしい。

PART 6

Recipe 40.

肉がなくても焼き肉気分

焼き肉もどき

フライパン ¥600 5分30秒

[コメント]

　チューブに入ったエバラ焼き肉のたれをはじめて口にしたとき、これは焼き肉だな、と思った。素材が何であろうが、焼き肉のたれをつければ焼き肉に思えてしまう。ということで、肉のかわりに使ってみたのがサンドイッチ用のパンだ。圧縮してから焼き肉のたれをはさんでフライパンでこんがり焼くと、柔らかい焼き肉を食べている気になれる。パンのかわりに餃子の皮を使って焼いてもいい。オリジナル焼き肉もどきをいろいろ楽しもう。

PART 6

つまみ ⊙ Recipe 40 ⊙ 焼き肉もどき

[材料]　283g（1回分は約42g）　なし

サンドイッチ用パン……2枚程度
焼き肉のたれ……適量
ガーリックトーストスプレッド……適量

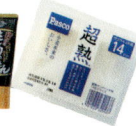

[作リ方]

❶ パンに焼き肉のたれを塗り、パンを2枚重ねにする。
❷ 両手を使って、焼き肉のたれをはさんだパンを圧縮する。
❸ フライパンにガーリックマーガリンを敷き、両面をこんがりと焼く。

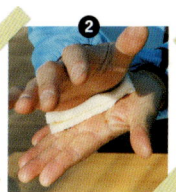

[ワンポイント]

サンドイッチ用の薄いパンではなく、普通の食パンでもオーケー。
食パンの耳をちぎったほうが焼き肉っぽくなる。
ちぎったパンの耳は、
ガーリックバターを塗ってフライパンで焼き、
焼き肉のたれをつけて食べると、これまた焼き肉っぽくなる。

Recipe 41

焼けばタラコの粒の食感がアップ！

タラモサラダ焼き

フライパン and 浅いコッヘル ￥300 6分20秒

［コメント］

　p.48で紹介したマッシュポテトとパスタソースを組み合わせるレシピだが、和風ソースのタラコ味とコラボして、さらにフライパンで焼くとつまみに最適のメニューとなる。

　タラコの粒はソースのときはピンクだが、熱すると白く変色する。その微妙な粒が舌に存在を主張して、タラコの味を引き立たせる。タラコソースのかわりに辛味がきいた明太子ソースを使うのもいい。よりつまみに向いたメニューになる。

［材料］　86g　約180cc

マッシュポテト……1袋
パスタソースたらこ……1袋

［作り方］

❶ p.116同様、マッシュポテトをつくったらタラコソースを加えてまぜる。
❷ フライパンで両面を焼く。
❸ 最後にトッピングの刻み海苔をかけてできあがり。

［ワンポイント］

片面焼きでもOK!

p.116のコンビーフマッシュポテトにもいえることだが
お好み焼きのように焼いても固まらないから、
ひっくり返すのがむずかしい。
ひっくり返さずに片面だけ焼いて食べてもいい。

PART 6

つまみ ⊙ Recipe 41 ⊙ タラモサラダ焼き

Recipe 42

とろけたチーズとハムがたまらない！
餃子の皮包み焼き

フライパン　¥750　3分20秒

[コメント]

　パリッとした餃子の皮と、とろけたチーズとハムのコンビネーションが絶品のメニュー。すぐにできて、おつまみに最適だ。
　ただし、これらの食材は要冷蔵の表示がしてある。常温保存できる食材が前提のワンバーナークッキングにおいては規格外であるが、季節とフィールド、保存期間によっては使えないことはない。アウトドアはケースバイケース。各自で状況判断して、最高においしいこのメニューをフィールドで食してもらいたい。

[材料]　239g（1回分は約80g）　約30cc

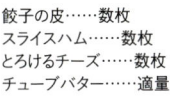

餃子の皮……数枚
スライスハム……数枚
とろけるチーズ……数枚
チューブバター……適量

[作り方]

❶ 餃子の皮に適当な大きさに切ったハムととろけるチーズをのせる。
❷ 餃子の皮の周囲を濡らし、もう1枚餃子の皮をのせて圧着してくっつける。
❸ フライパンにチューブバター（ゴマ油がベストだが、持ち運びが難）を敷き、両面を焼く。表面がカリッと焼けたらできあがり。

[ワンポイント]

餃子の皮の接着は水を使うが、
シェラカップに少量の水を入れ、
指につけてなぞるといい。
餃子の皮を重ね合わせるときは、
中に空気が残らないように。

PART 6

つまみ ⊙ Recipe 42 ⊙ 餃子の皮包み焼き

Recipe 43

インド屋台の味をワンバーナーで

なんちゃってサモサ

フライパン ¥550 4分45秒

[コメント]

　サモサは、香辛料で味つけしたジャガイモやグリーンピースを薄い皮で包み、油で揚げたインドの軽食。屋台で売られている庶民的なメニューだが、あの具はじゃがりこマッシュに似ているかも、という発想から生まれたメニューだ。

　カレー粉とじゃがりこマッシュの組み合わせはまさにサモサの具だし、パリッとした餃子の皮はサモサの皮だ。インド料理屋でサモサとして出しても疑われないレベルにある。

[材料]　300g（1回分は約70g）　約80cc

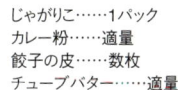

じゃがりこ……1パック
カレー粉……適量
餃子の皮……数枚
チューブバター……適量

[作り方]

❶ カレー粉を入れたじゃがりこマッシュ（p.44参照）をつくる。
❷ 餃子の皮2枚で、カレーじゃがりこマッシュをはさむ。
❸ フライパンにチューブバターを敷き、両面を焼く。

[ワンポイント]

カレーじゃがりこマッシュをつくるときは、
先にカレー粉をじゃがりこに入れてから、熱湯を注ぎ、
3分以上経ったらかきまぜる。

つまみ ⊙ Recipe 43 ⊙ なんちゃってサモサ

PART 6

Recipe 44

つぶれた食パンをピザ生地に

圧縮トーストピザ

フライパン ¥550 2分

［コメント］

　登山者やバックパッカーは食パンを持たない。バックパックに詰めるとつぶれるからだ。ならば、つぶれた食パンをあえて使おう、ピザ生地みたいなものだし、と生み出したレシピである。

　ピザソースを使う手もあるが、遊び心から味つけに味噌を使い、アクセントとしてスイートコーンを加えた。味噌ラーメンのトッピングにコーンが欠かせないように、味噌とコーンの甘みは相性抜群。病みつきになるおいしさのピザが完成した。

PART 6

つまみ ⊙ Recipe 44 ⊙ 圧縮トーストピザ

［材料］　256g（1回分は約80g）　なし

サンドイッチ用パン……数枚
インスタント味噌汁……1袋
スイートコーン……適量
とろけるチーズ……数枚
チューブバター……適量

［作り方］

❶ 圧縮したパンに味噌を均等に塗る。
❷ スイートコーンを適量のせて、とろけるチーズを覆いかぶせる。
❸ フライパンにチューブバターを敷き、ふたをしたオーブン状態で焼く。

［ワンポイント］

薄いサンドイッチ用のパンを使ったが、
普通の食パンでもいい。
袋に入った状態で圧縮すると
ピザ生地風になる。

Recipe 45

少々重くても持っていきたくなるほどウマイ!

サバのガーリックトマト和え

浅いコッヘル or 深いコッヘル ￥300 2分20秒

[コメント]

　サバの水煮缶は少々重いし、空き缶を持ち帰るのが面倒だからワンバーナークッキングではあまり使わなかった。しかし、そんなことはもういってられない！　と叫びたくなるウマさである。しかも缶詰を温めてミートソースと混ぜるだけの簡単さ。サバの臭みが苦手の人もいるだろうが、トマトがサバの臭みを消して、長時間煮込んだブイヤベースのような魚介のダシに感じられる。つまみでもいいし、ごはんにかけてもイケる、万能おかずだ。

PART 6

つまみ ⊙ Recipe 45 ⊙ サバのガーリックトマト和え

[材料]　287g　なし

サバの水煮缶……1缶
コク旨ガーリックトマト（パスタソース）……1袋

[作り方]

❶ サバの水煮缶を開け、汁ごとコッヘルに入れる。
❷ コッヘルを火にかけ、サバを適度にほぐす。
❸ コク旨ガーリックトマト（パスタソース）を入れ、かき混ぜれば完成。

[ワンポイント]

パスタソースの代わりに、
マヨネーズと味噌を入れれば
「サバの味噌和え」になる。
味噌は生タイプのインスタント味噌汁を
使うと便利。

Recipe 46

牛タン焼きをさらにランクアップ!

牛タントマト焼き

浅いコッヘル or 深いコッヘル　¥650　2分20秒

[コメント]

　おそるべし「缶つま」シリーズ。牛タン焼きもつまみとして最高だし、温めるだけでごちそうになってしまうのだが、もうひとひねり加えたくて、トマトを凝縮したペーストとミックスビーンズを和えて熱した。その結果はワンランク上のつまみの誕生である。ごはんのおかずにするのもアリだ。

[材料]　209g　なし

缶つま牛タン焼き……1缶
トマトペースト……1袋
ミックスビーンズ……1袋

[作り方]

❶ 缶つまの牛タン焼きをコッヘルに入れ、トマトペーストとミックスビーンズを加える。
❷ 焦げつかないようにスプーンで混ぜながら熱する。火が通ったらできあがり。

[ワンポイント]

水を少量加えて煮込むのもいい。
牛タンシチューのように仕上がる。

PART **7**

DESSERT
デザート

▼

フィールドでデザート?
いやいや、野外だからこそ、
ときに甘いおやつが欲しくなるのだ。

RECIPE 47

小袋のつぶあんをホットケーキに入れて

ホットどら焼き

シェラカップ and フライパン　￥600　7分20秒

[コメント]

あずきといえば井村屋。ありがたいことに井村屋はバックパッキングの旅に手ごろな使い切り小袋タイプの「ちょこっとつぶあん」を出している。そのつぶあんをホットケーキに応用してつくる、簡単などら焼きである。ホットケーキを2枚つくって、つぶあんをサンドしたほうがどら焼きっぽいが、内部につぶあんが入っているほうが食べやすく、つぶあんが引き立つ。コンデンスミルクをかけると、甘党には最高のおやつになる。

[材料]　324g（1回分は約80g）　約100cc

ホットケーキミックス……適量
チューブバター……適量
つぶあん……1袋
コンデンスミルク……適量

[作り方]

❶ フライパンにチューブバターを敷き、シェラカップで溶いた
　ホットケーキミックスをたらして焼く。
❷ つぶあんをのせ、つぶあんを覆い隠すようにホットケーキミックスをたらす。
❸ 片面が焼けたらひっくり返し、最後につぶあんを少量のせ、
　コンデンスミルクをかける。

[ワンポイント]

ホットケーキをふっくらと焼くには
バーナーパットで炎を拡散させ、
フライパンにふたをするとうまく焼ける。

PART 7
デザート ⊙ Recipe 47 ⊙ ホットどら焼き

Recipe 48

大福餅が、とろとろホットのぜんざいに

大福栗ぜんざい

シェラカップ ／ ¥200 ／ 3分30秒

［コメント］

　休憩時に大福餅をおやつとして食べる登山者やバックパッカーが多い。量的にも小腹がすいたときにちょうどいいし、すぐにエネルギーとなる。その大福餅を温かく食べる方法が、ぜんざいだ。
　大福餅はお湯に溶けやすく、すぐにトロトロとなる。さらにつぶした甘栗を入れることで、高級なぜんざいとなる。ボリュームを増やしたい場合は、前項のつぶあんと、スライス餅を加えるといい。おなかいっぱいでおいしいぜんざいにランクアップする。

PART 7
デザート ⊙ Recipe 48 ⊙ 大福栗ぜんざい

［材料］　167g（1回分は約120g）　約100cc

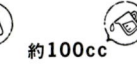

大福餅……1個
むき甘栗……適量

［作り方］

❶ シェラカップでお湯を沸かし、大福餅をちぎって入れる。
❷ あんこと餅が溶けるようにスプーンでゆっくりかきまぜる。
❸ 適度につぶした甘栗を加えてできあがり。

［ワンポイント］

食器としてちょうどいいシェラカップを利用したが、コンパクトストーブのゴトクはシェラカップがのせられるサイズでなくてはならない。
間隔が開く場合はバーナーパットをのせてからシェラカップを置くといい。

Recipe 49

ドライフルーツの女王をクレープで

ドライマンゴークレープ

| フライパン | ￥650 | 6分50秒 |

[コメント]

　コンビニのメニューの充実ぶりには目を見張る。バックパッカーとしてとくに歓迎したいのは野菜チップスやドライ系のフルーツだ。エネルギー補給の行動食に最適で、バックパッキングの旅に欠かせない食品である。そのドライ系フルーツの女王、マンゴーをクレープスタイルにアレンジ。水で薄めたホットケーキミックスをクレープ状にするには微弱の火力が必要だ。うまくくるめなかったとしても、おいしさは変わらない。チャレンジしよう。

[材料]　275g（1回分は約90g）　　約100cc

ホットケーキミックス……適量
ドライマンゴー……適量
チューブバター……適量
コンデンスミルク……適量

[作り方]

❶ ドライマンゴーを適度に刻んでおく。
❷ チューブバターを敷いて熱したフライパンに
　 ホットケーキミックスを薄くたらす。
❸ 弱火で両面が焼けたらドライマンゴーを包み、
　 コンデンスミルクをかけてできあがり。

[ワンポイント]

クレープ状にするには水を多めにする。
少し粘り気がある程度でオーケー。
じんわり焼くためにバーナーパットを使おう。

PART 7　デザート ⊙ Recipe 49 ⊙ ドライマンゴークレープ

Recipe
50

行動食の定番が絶品デザートに

チョコフォンデュ

シェラカップ and 深いコッヘル　¥500　5分30秒

[コメント]

　行動食兼非常食として、チョコレートとミックスナッツは欠かせない。前項のドライマンゴーとともにぼくは必ず携帯していくが、それらをデザートに仕立てた。特製の湯煎セットがポイントだが、塩気のあるアーモンドやカシューナッツと甘くとろけるチョコレートのコラボがたまらない。レーズンやドライマンゴーとからめてもいいだろう。シェラカップの片づけをホットチョコにするワザも含めて、自画自賛したい完成されたデザートである。

[材料]　279g（1回分は約120g）　約150cc

板チョコ……1枚
バナナチップス……適量
ミックスナッツ……適量

[作り方]

❶ コッヘルで少量のお湯を沸かし、シェラカップでふたをして湯煎のセットをする（p.32参照）。
❷ 板チョコを適当に割って、シェラカップにのせていく。
❸ チョコレートが溶け出したら、スプーンでそうっとかきまぜ、アーモンドやバナナチップスにからめて食べる。

[ワンポイント]

食べ終わったらシェラカップにお湯を入れて
残ったチョコレートを溶かす。
クリープを入れればホットチョコとして飲めるし、
シェラカップもきれいになる。
味が薄い場合はコンデンスミルクを足す。

PART 7　デザート ⊙ Recipe 50 ⊙ チョコフォンデュ

COLUMN 8

フィールドで楽しむ極上のコーヒー

荷物を軽減したいバックパッキングの旅ではインスタントコーヒーを愛飲しているが、日帰りのトレッキングや、野営道具を背負わなくて済む山小屋利用の山旅では本格的なコーヒーが淹れられるセットを持っていき、極上のコーヒーブレイクを楽しんでいる。

コーヒー豆を挽いて淹れるなんて面倒に思うかもしれないが、コーヒーは味や香りだけでなく優雅な時間を楽しむためにあるとぼくは思う。挽き立ての香りが漂うなか、ゆっくりと時間をかけてコーヒーを淹れる。しかも空の下で新鮮な空気に囲まれて飲むのである。おいしくないわけがない。ワンバーナークッキングは早さが命だが、コーヒーはむしろ時間をかけてじっくりと淹れて楽しみたい。

ハンディミルとドリップペーパー、そして焙煎し立てのコーヒー豆。ワンバーナークッキングにこの装備が加われば、香り豊かな最高のコーヒーが空の下で楽しめる

シェルパ流コーヒーの淹れ方

① コーヒー豆をミルに入れる。100ccのコーヒーに豆は10g程度が基本だが、ぼくは豆を1.5倍ほど増量している。深みのある濃いコーヒーが好きなのだ

② ミルのハンドルを回してコーヒー豆を挽く。ポーレックスのコーヒーミルはハンドルが大きくて豆を挽きやすいし、取り外せてコンパクトに収納できる

③ コーヒーを淹れる適温は90℃程度。ケトルでお湯を沸かしたら、沸騰したお湯をカップに入れて温めてから再びケトルに戻す。お湯が適温になるはず

④ カップにペーパードリッパーをセットして、挽いたコーヒーの粉を入れる。後片付けが簡単で、おいしく淹れられる一杯用のドリッパーが使いやすい

⑤ 表面にまんべんなく行き渡るように少量のお湯を注いで湿らせる。焙煎し立てのコーヒーならぷっくりと膨れてくるはずだ。そのまま30秒近く待つ

⑥ 30秒ほど蒸らしたら、コーヒーの膨らみを崩さないように中心部分に向けてお湯をゆっくりと時間をかけて注ぐ。コクと香りの豊かなコーヒーになる

EPILOGUE

　枻文庫『シェルパ斉藤のワンバーナー簡単クッキング』を世に出したのは2004年。

　それまでワンバーナーに特化したアウトドアクッキングの本はなかったから、出版後の反響は大きかった。

　「こんなもんでいいんだ！」「余計な味つけを一切しない潔さがいい」「実用的だ」といったお誉めの言葉や「料理が得意な人には必要ない本」というごもっともな意見など、さまざまな声が寄せられたが、もっとも多かった声は「第2弾を出してほしい」という要望だった。

　そして前作からちょうど10年。機は熟し、待望の第2弾をまとめることができた。

　前作で好評だったベスト9を厳選し、新たなレシピを41本加えてある。はじめてワンバーナークッキングの本を手にする読者のためにも、ワンバーナーの基本的な使い方やテクニックは前作を踏襲し、新たな情報を加えてコンプリート版に仕上げた。前作にはなかった重量や使う水の量、参考価格などもレシピに加えたことで、より実用性が高い内容になったと自負している。

この10年間でアウトドアの道具は進化し、食材は充実した。スーパーやコンビニでは保存がきくドライ系のフードや少人数向けのパッケージングが増えたし、なによりバックパックを背負って野へ山へと、積極的に出かける若者たちが増えた。10年前よりもワンバーナークッキングが楽しめる環境になったし、求められる時代になったと思う。

　ぼくは多くの旅人、アウトドア好きの人々がフィールドでワンバーナークッキングを楽しんでいる姿を想像しながら、本書をまとめた。

　本書は簡単にできる料理のレシピ集ではない。アウトドアの旅を充実させるためのマニュアル本だと、ぼくは思っている。

　この本を手にしたあなたの旅が、そしてあなたのアウトドアライフが、より豊かになることを願う。　　　　　　　　　2014年2月　斉藤政喜

シェルパ斉藤の 元祖 ワンバーナークッキング

for tasty life
枻出版社

2014年3月10日	第一版第一刷発行
2015年4月10日	第一版第三刷発行
著者	斉藤政喜
発行人	角 謙二
発行・発売	株式会社枻出版社
	〒158-0096
	東京都世田谷区玉川台2-13-2
	販売部　Tel.03-3708-5181
印刷・製本	大日本印刷株式会社
写真	仁田慎吾、後藤武久
はんこ制作	佐野華子
デザイン	ピークス株式会社

©Masaki Saito
©EI Publishing Co.Ltd.
http://www.ei-publishing.co.jp/
ISBN978-4-7779-3119-4
Printed in Japan

本書の無断複写・複製・転載を禁じます。
落丁・乱丁は弊社販売部にご連絡ください。
すぐにお取り替えいたします。
定価はカバーに明記してあります。